Libro di coloritura degli Animali in tutto il mondo

Coloring Pages for Kids

Coloring Pages for Kids
An imprint of Ciparum LLC

Libro di coloritura degli animali in tutto il mondo
© 2017 Ciparum LLC
All rights reserved.
ISBN-10:1-63589-392-5
ISBN-13:978-1-63589-392-2

Coloring Pages for Kids

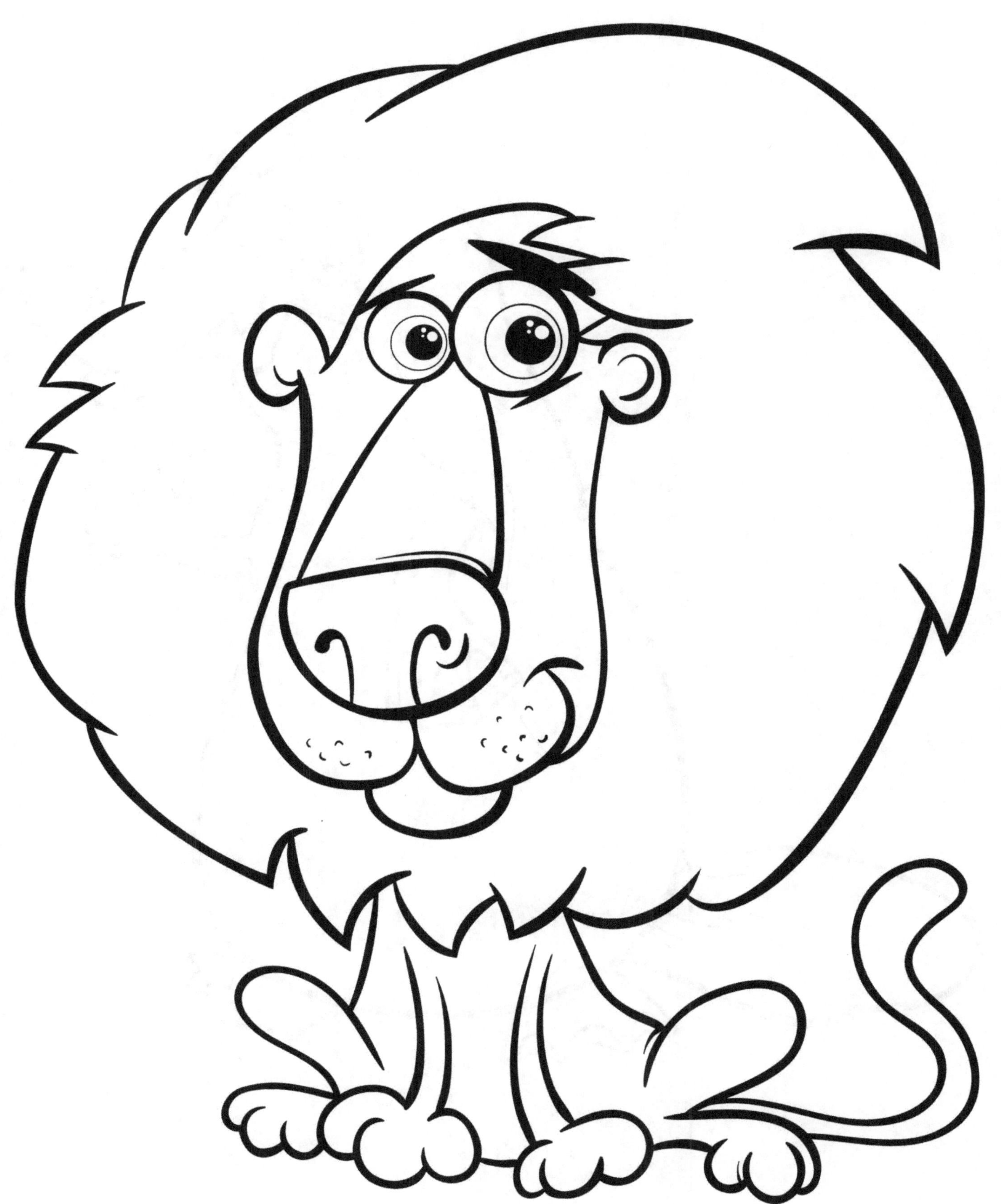

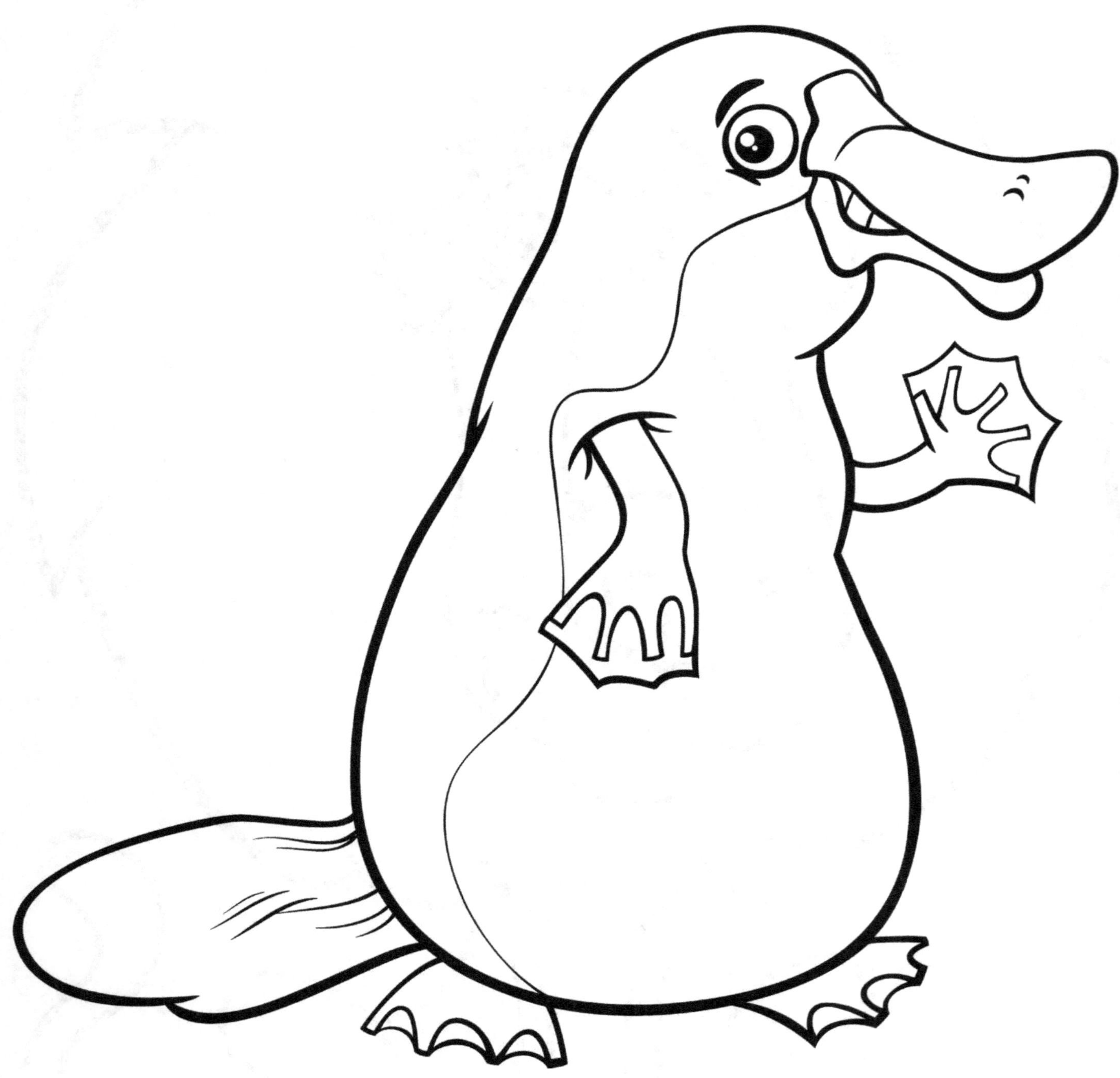

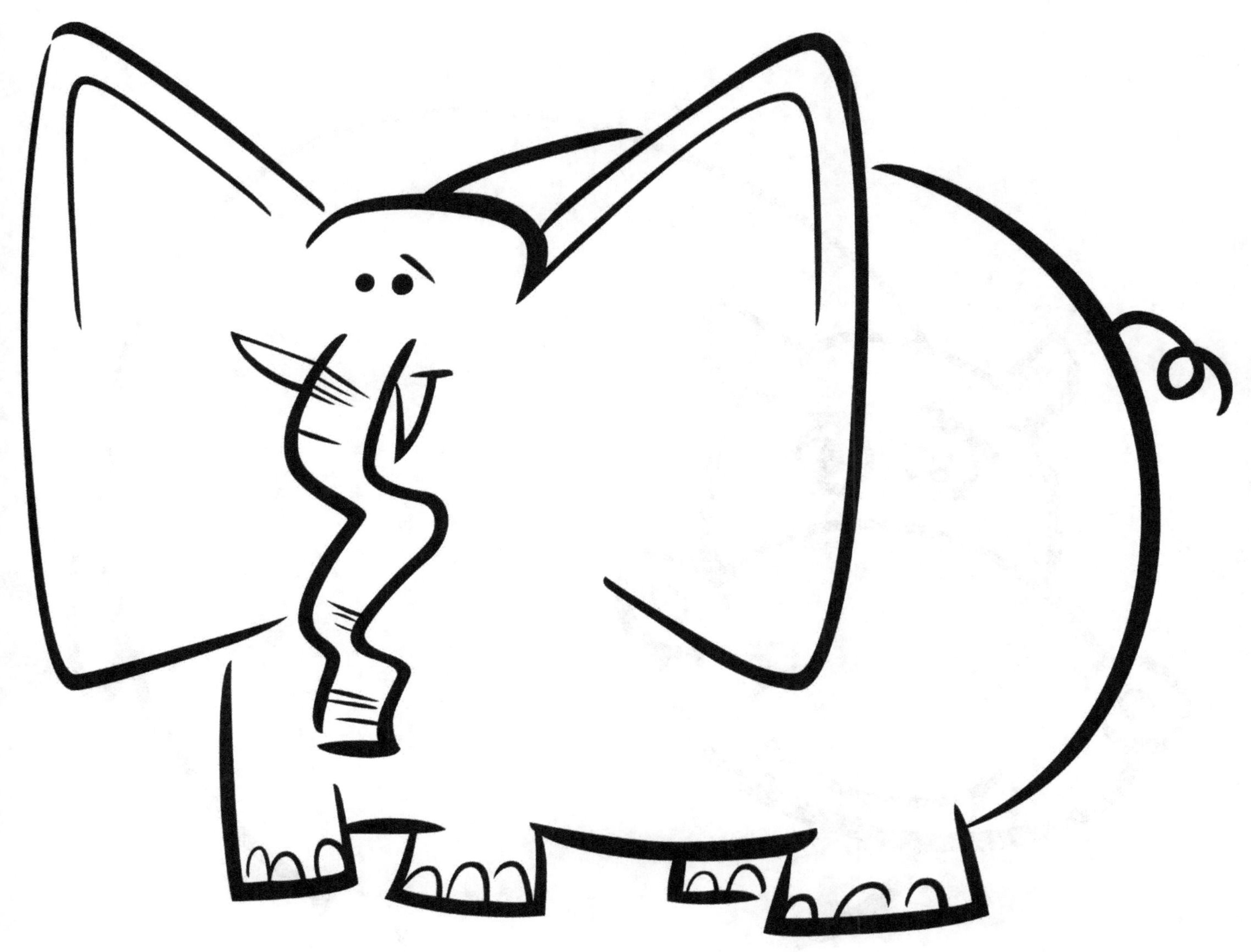

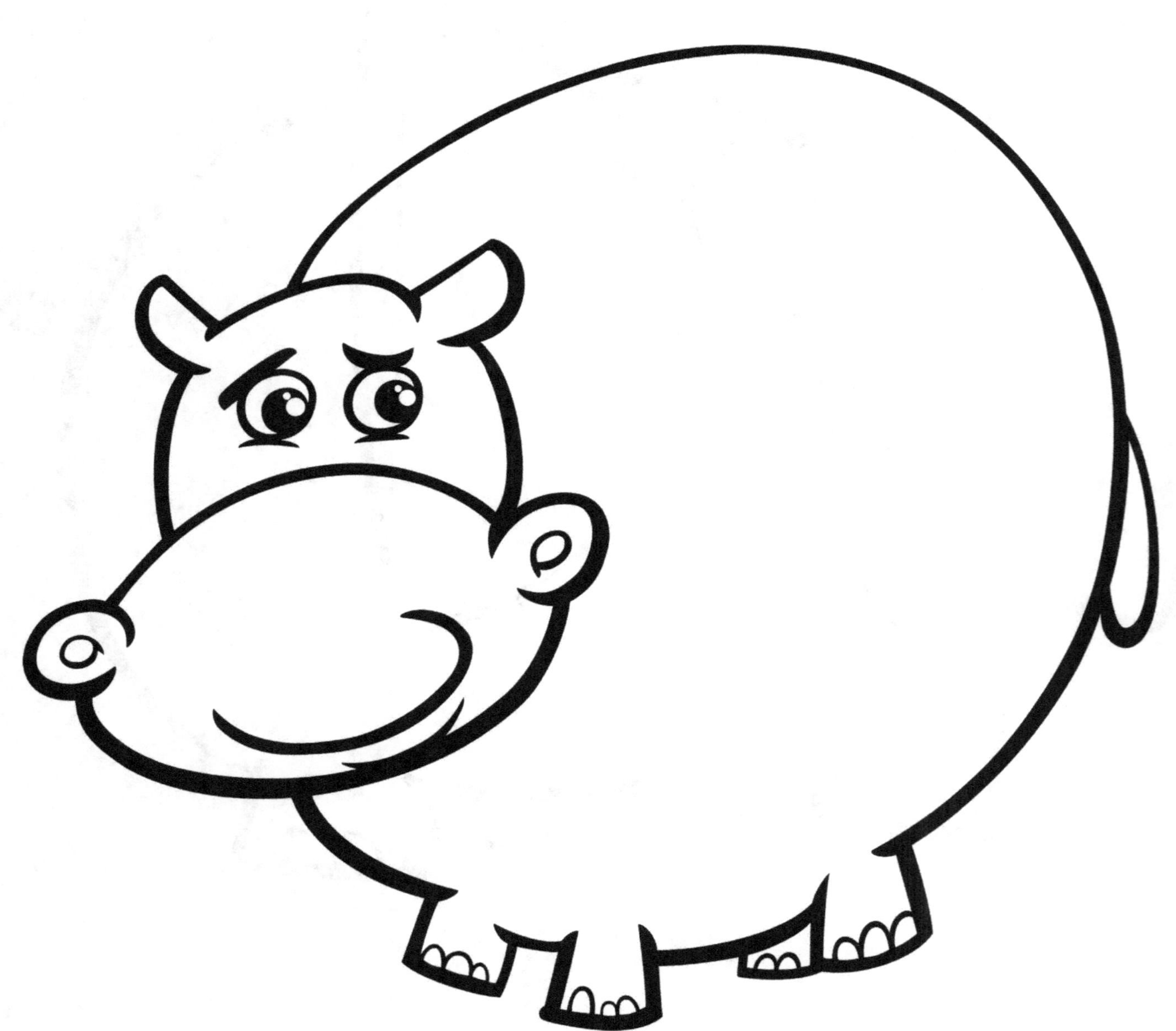

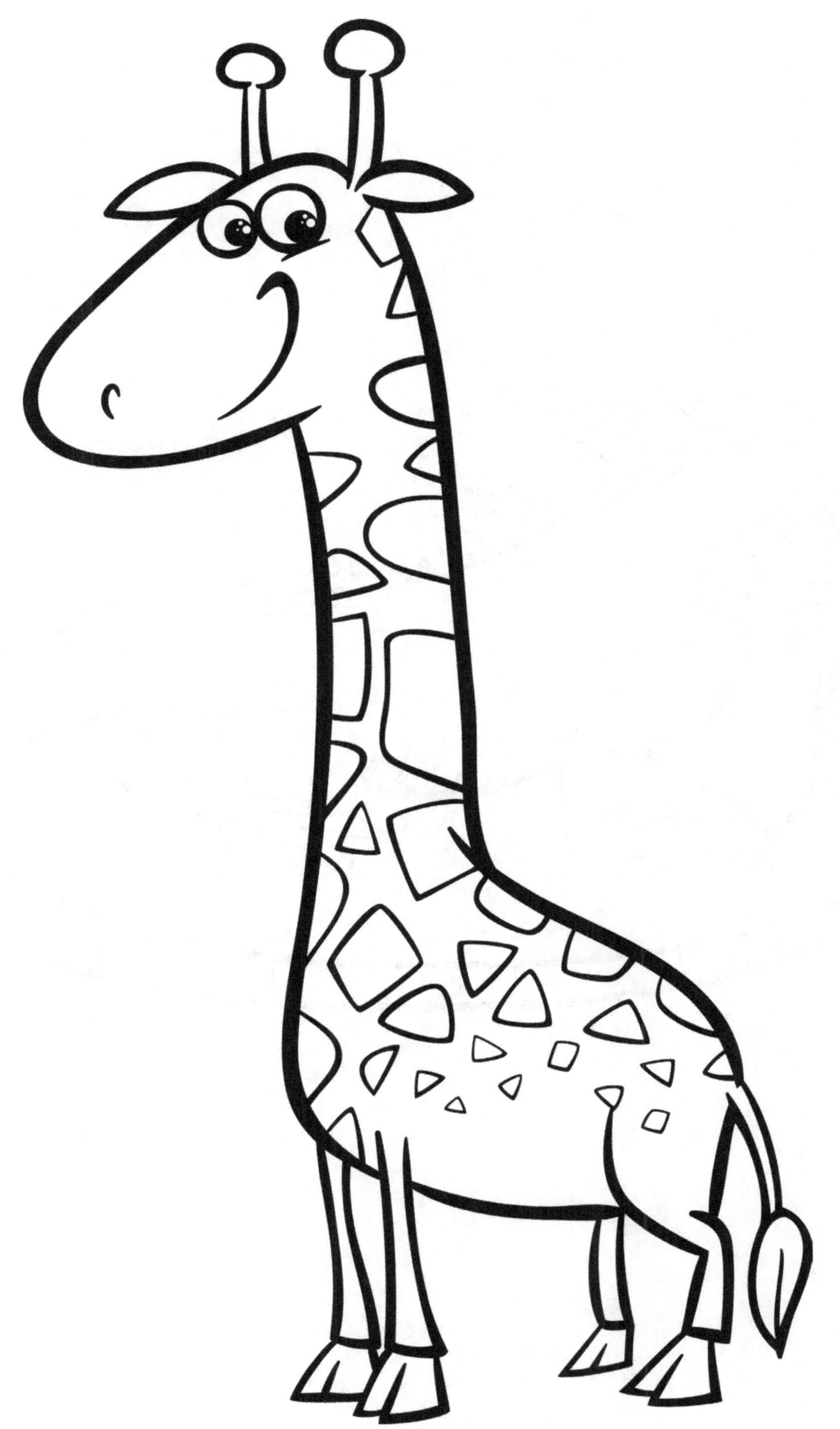

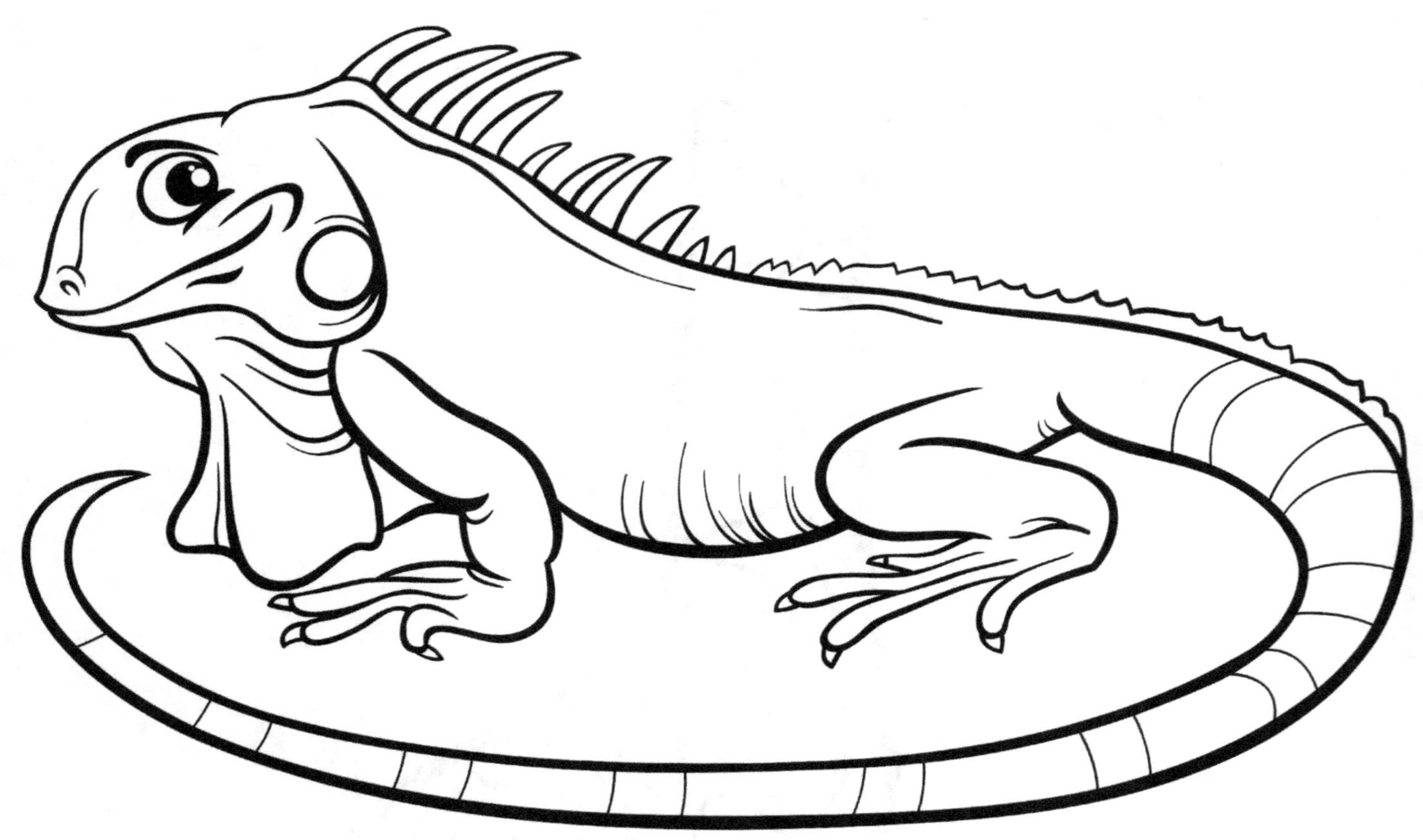

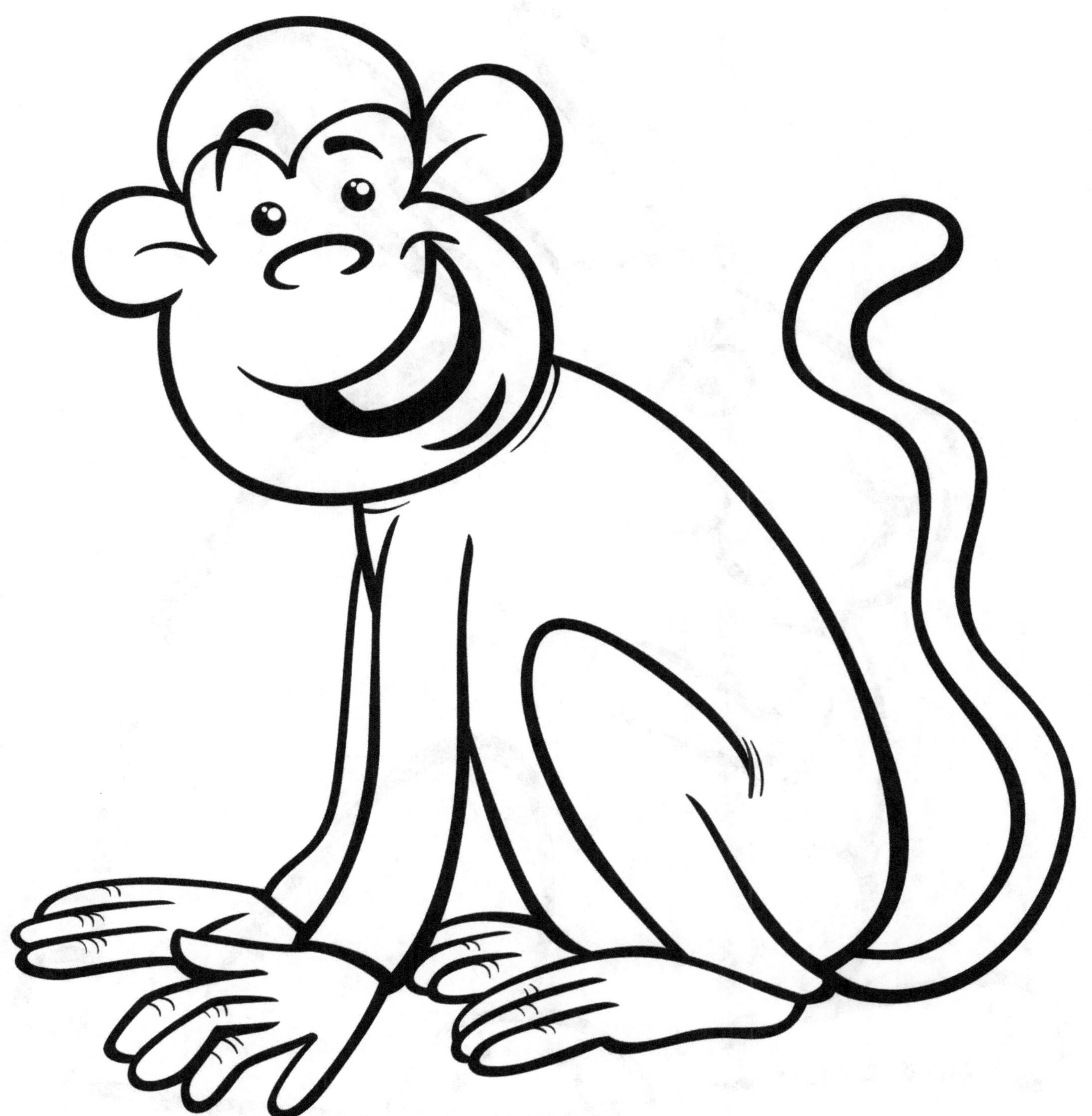

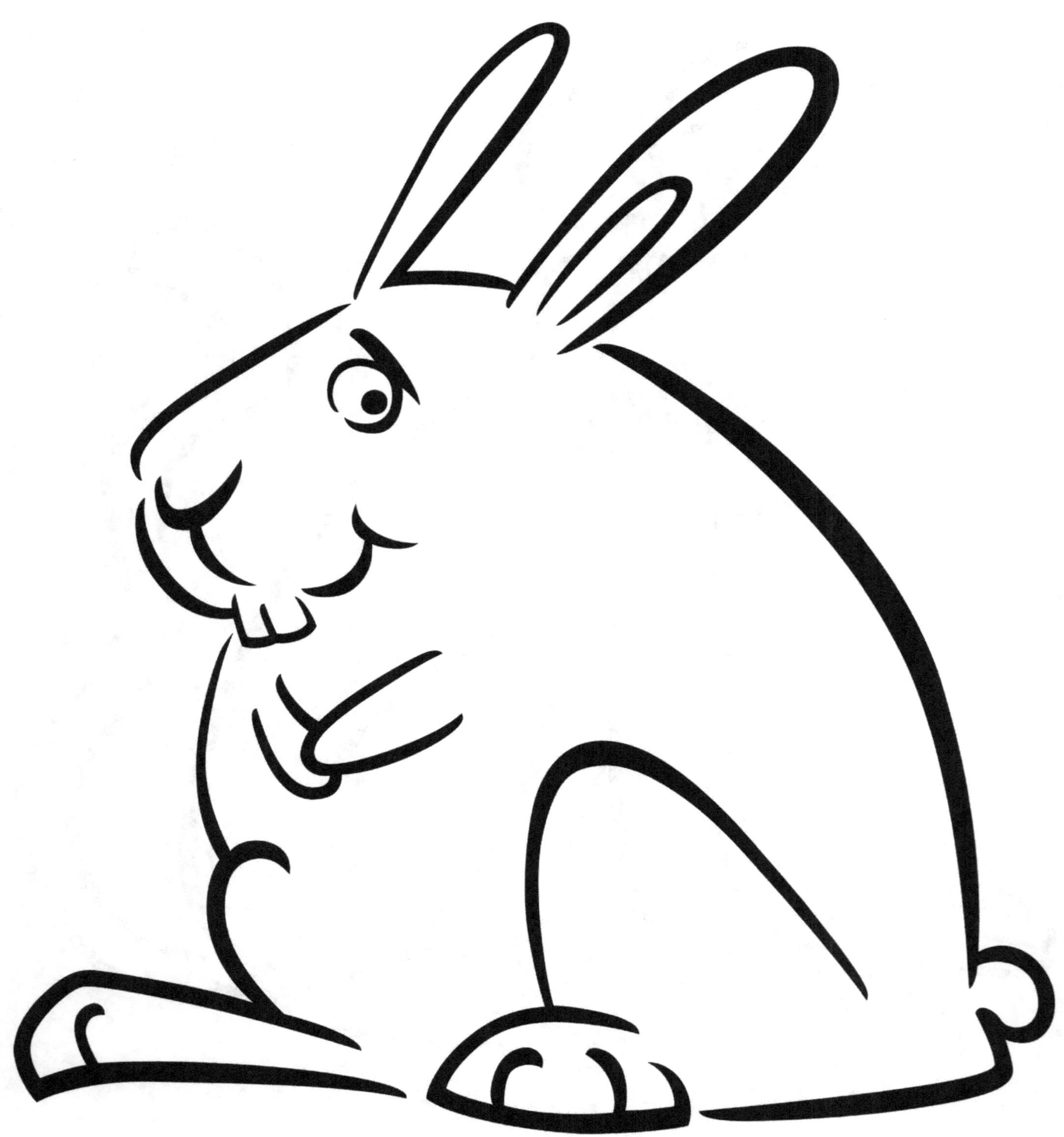

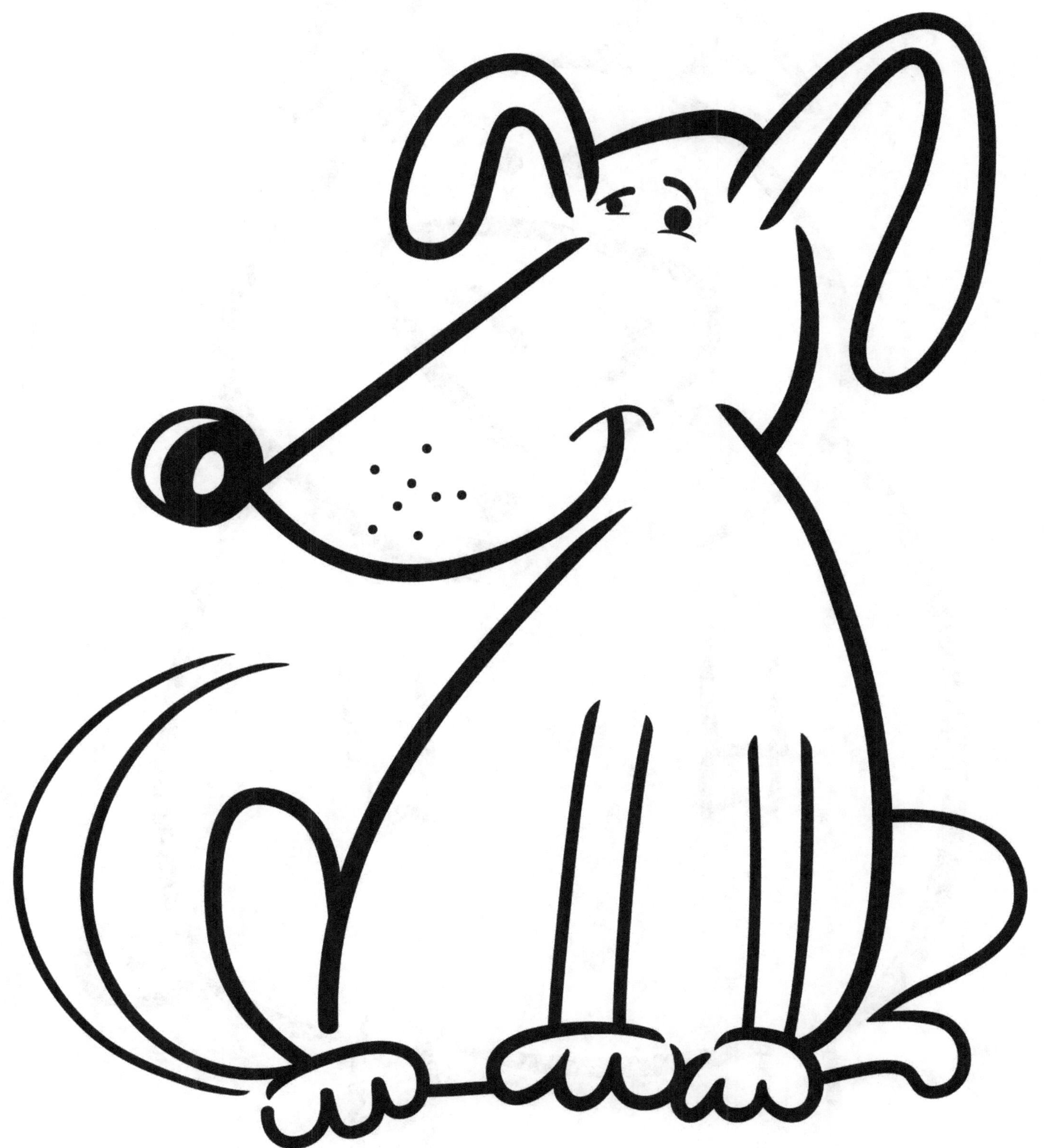

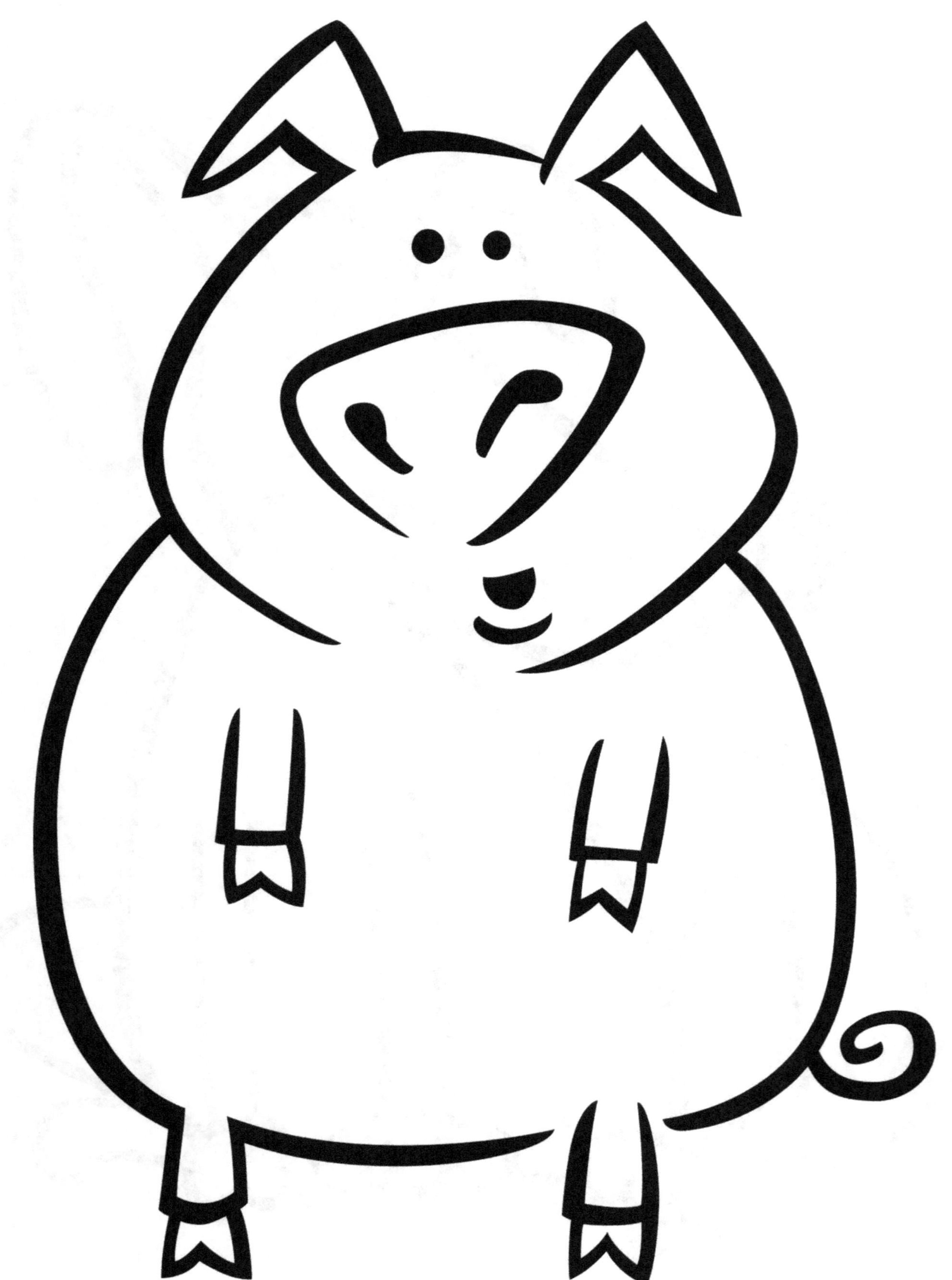

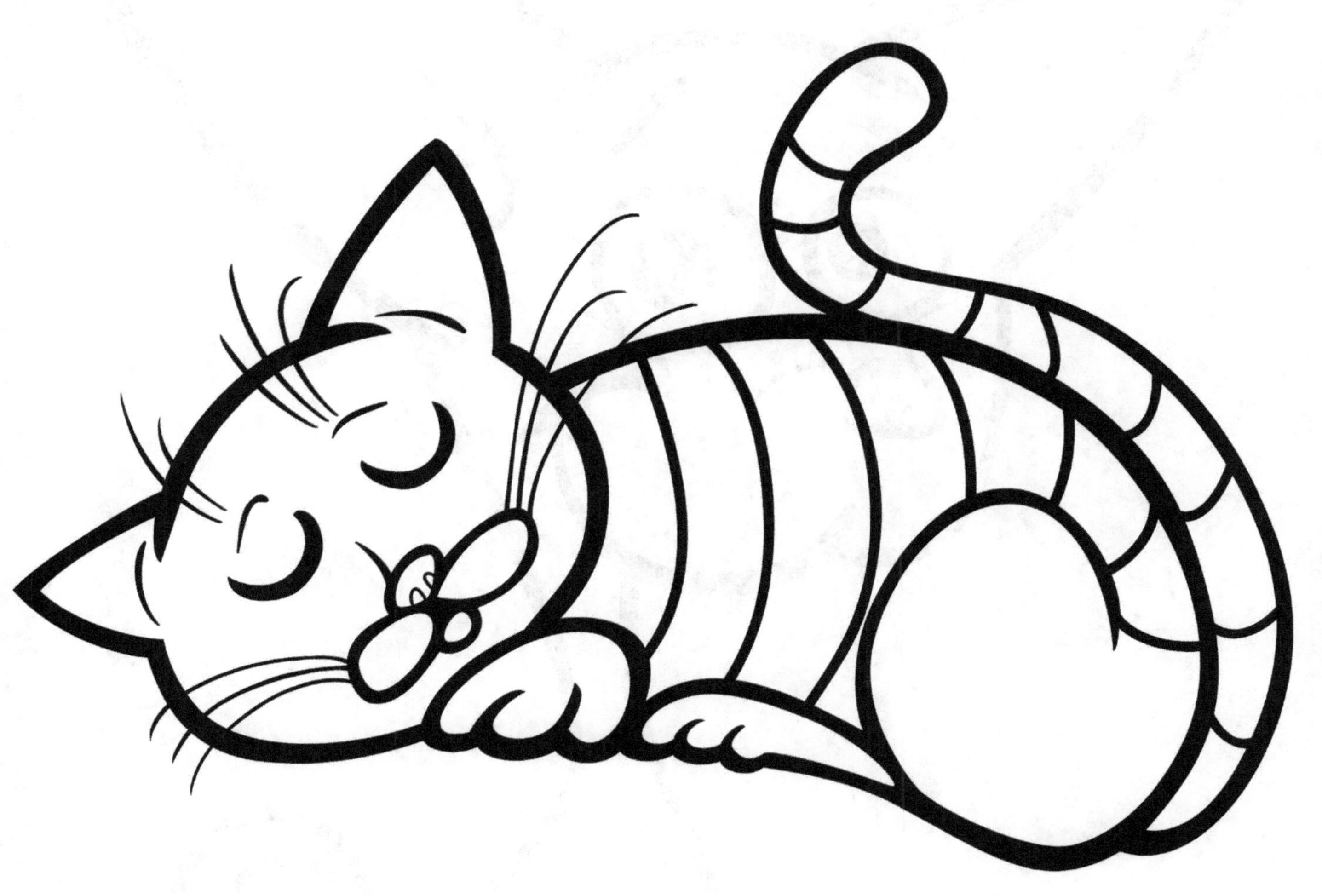

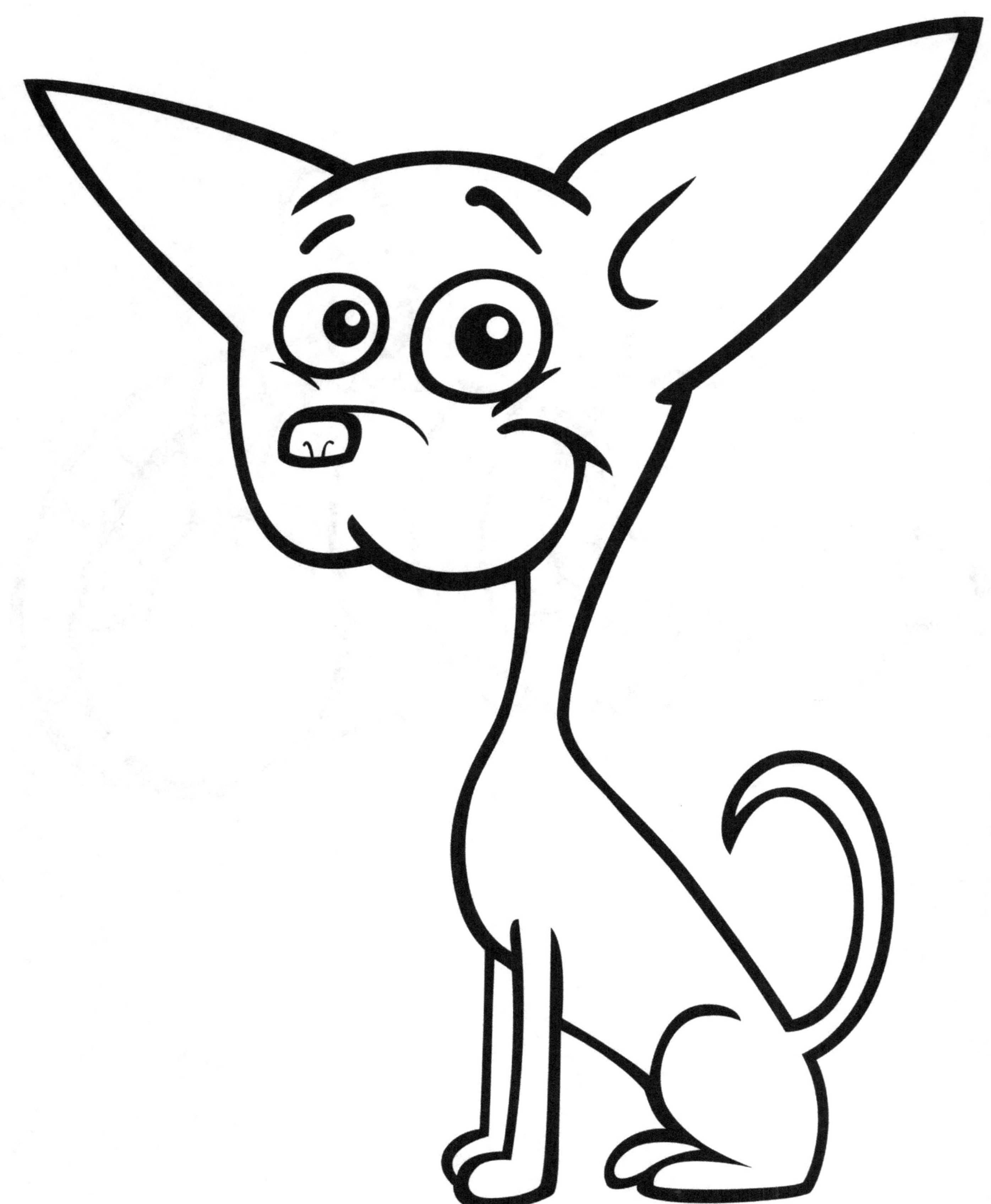

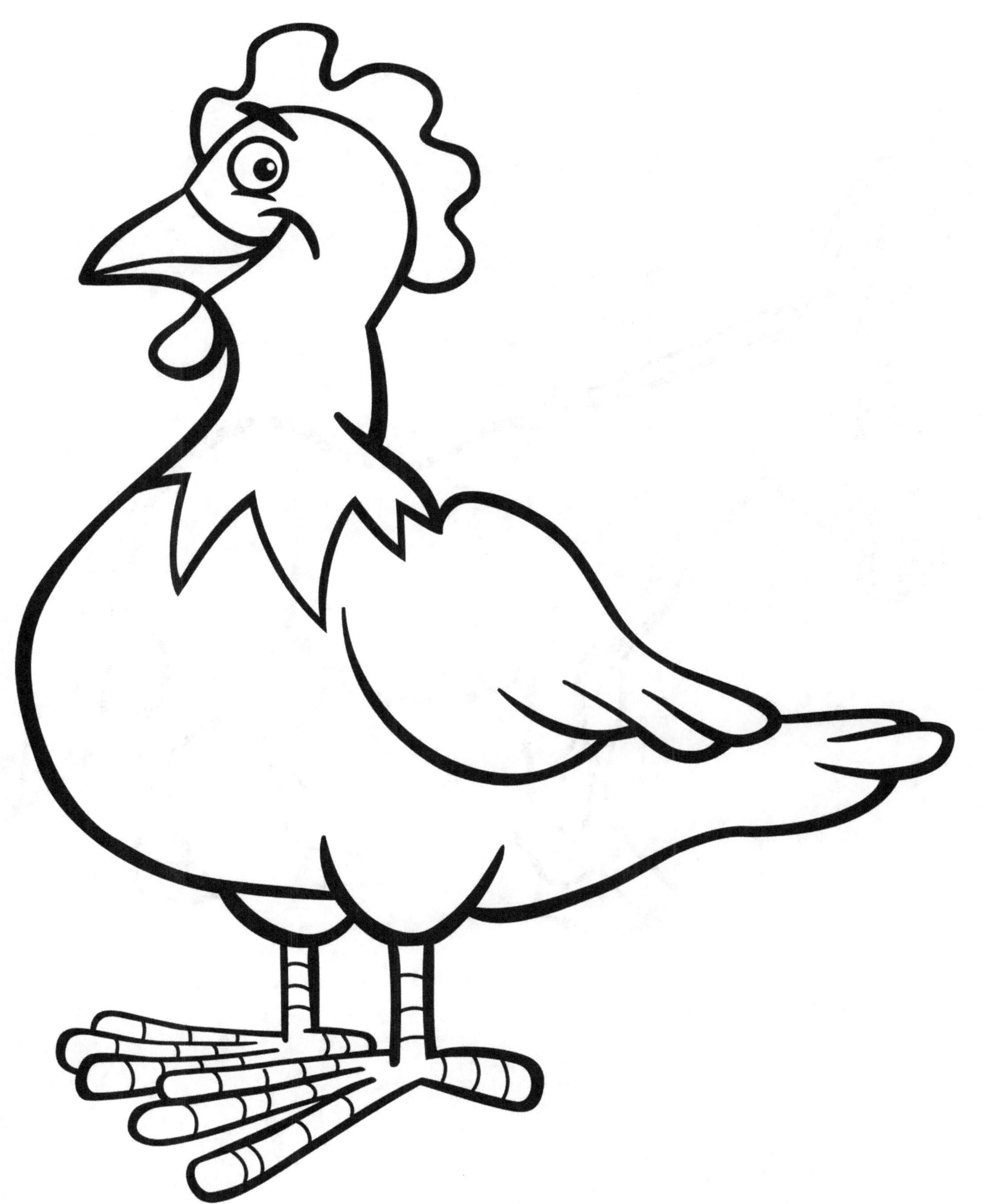

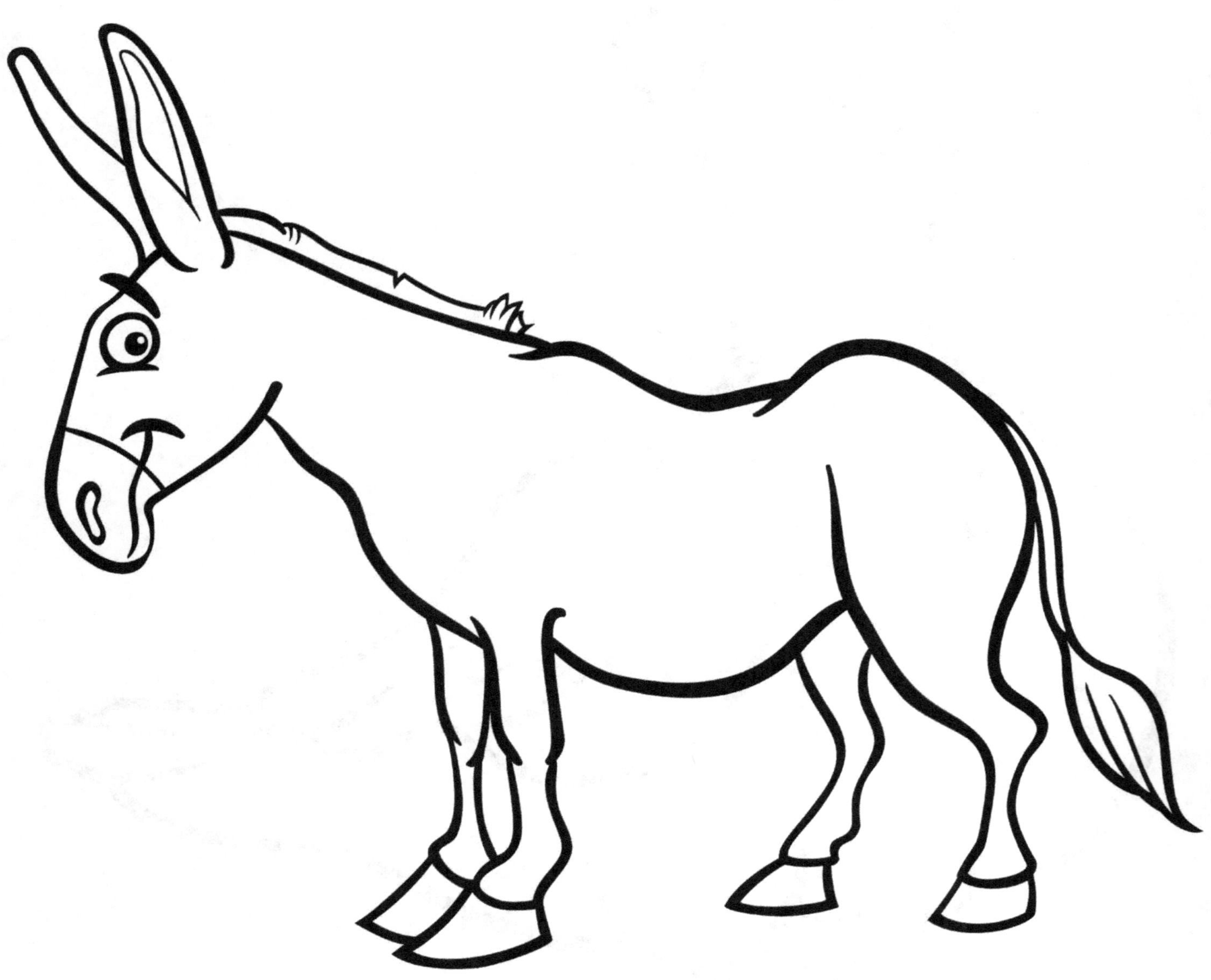

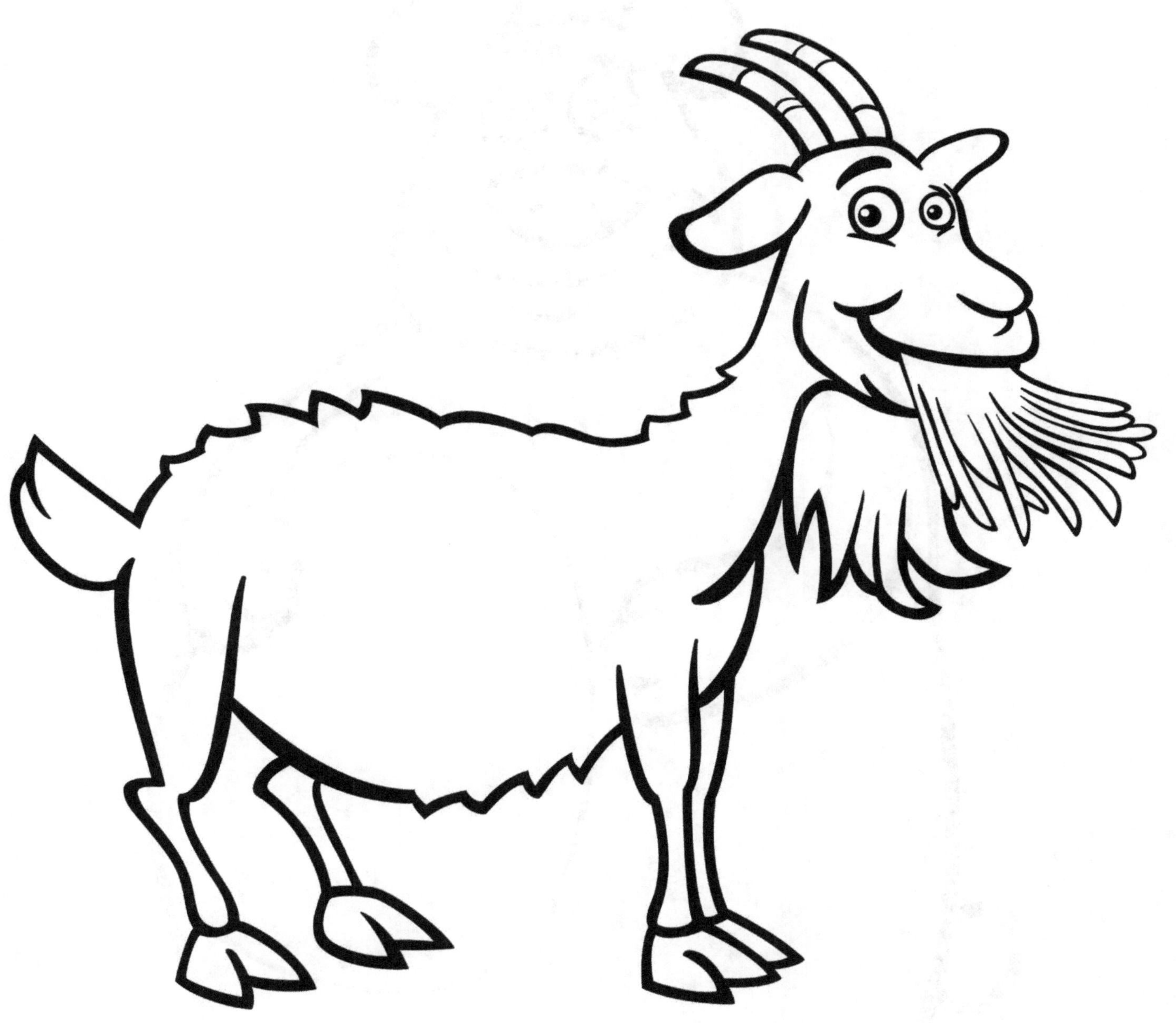

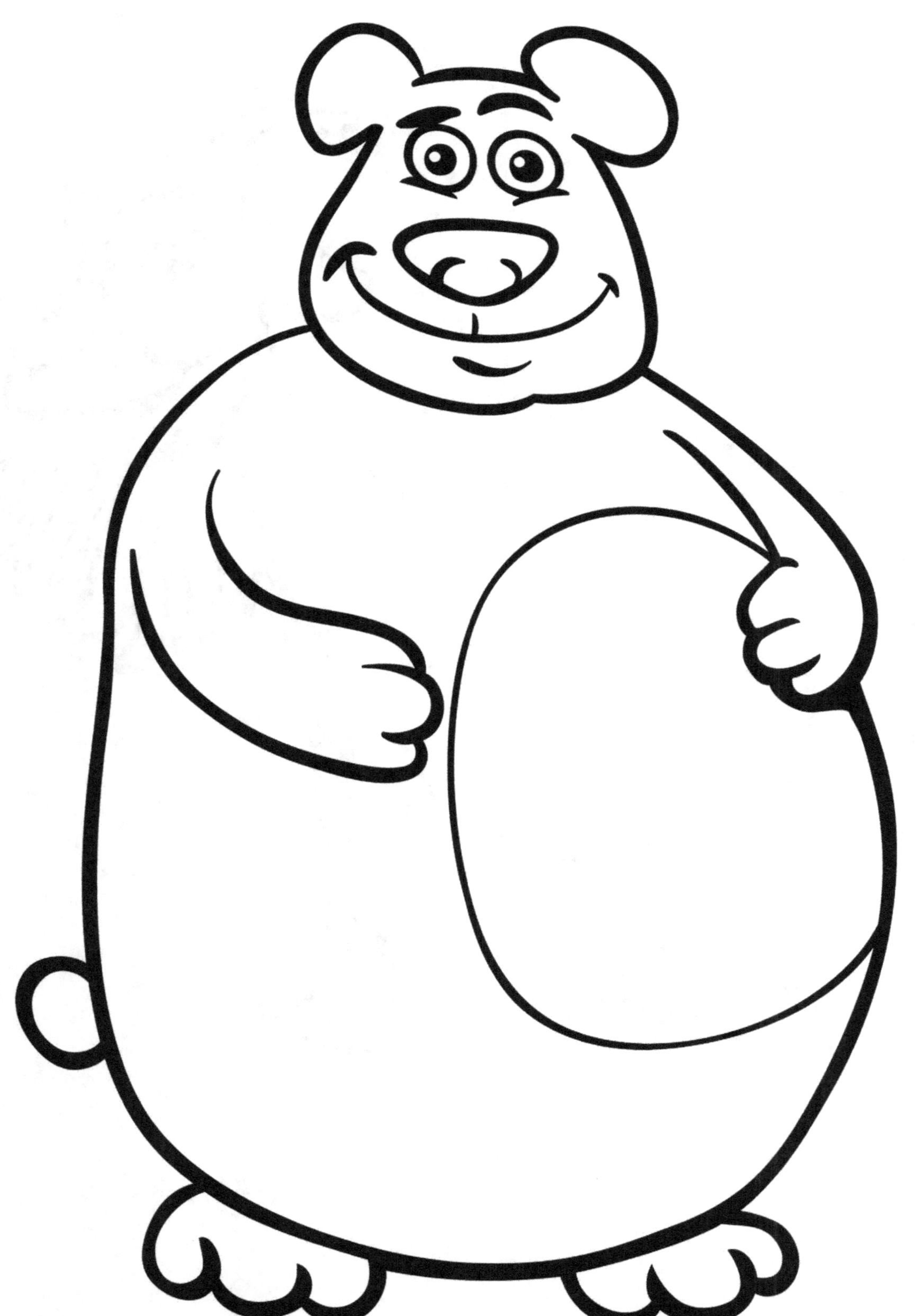

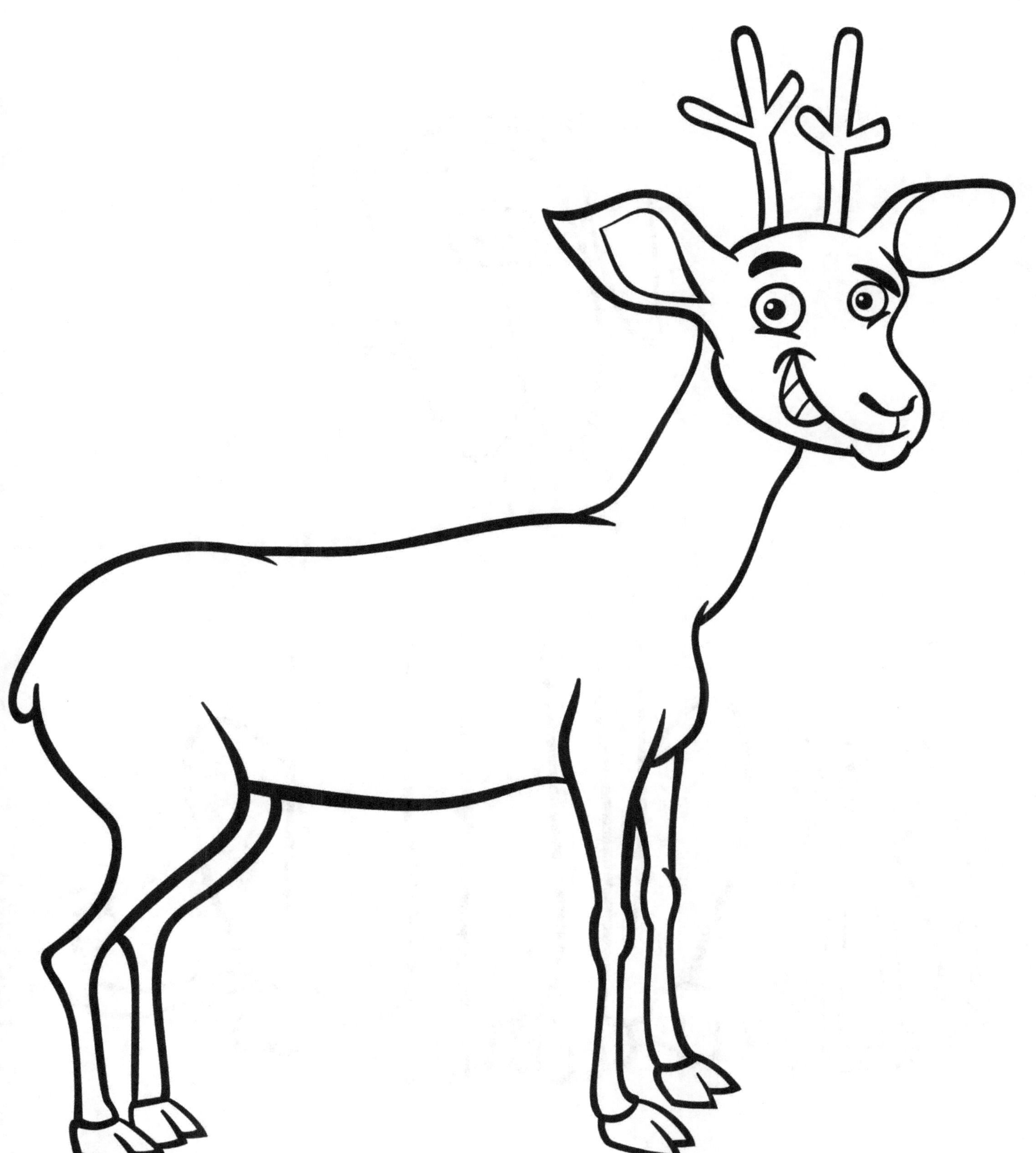

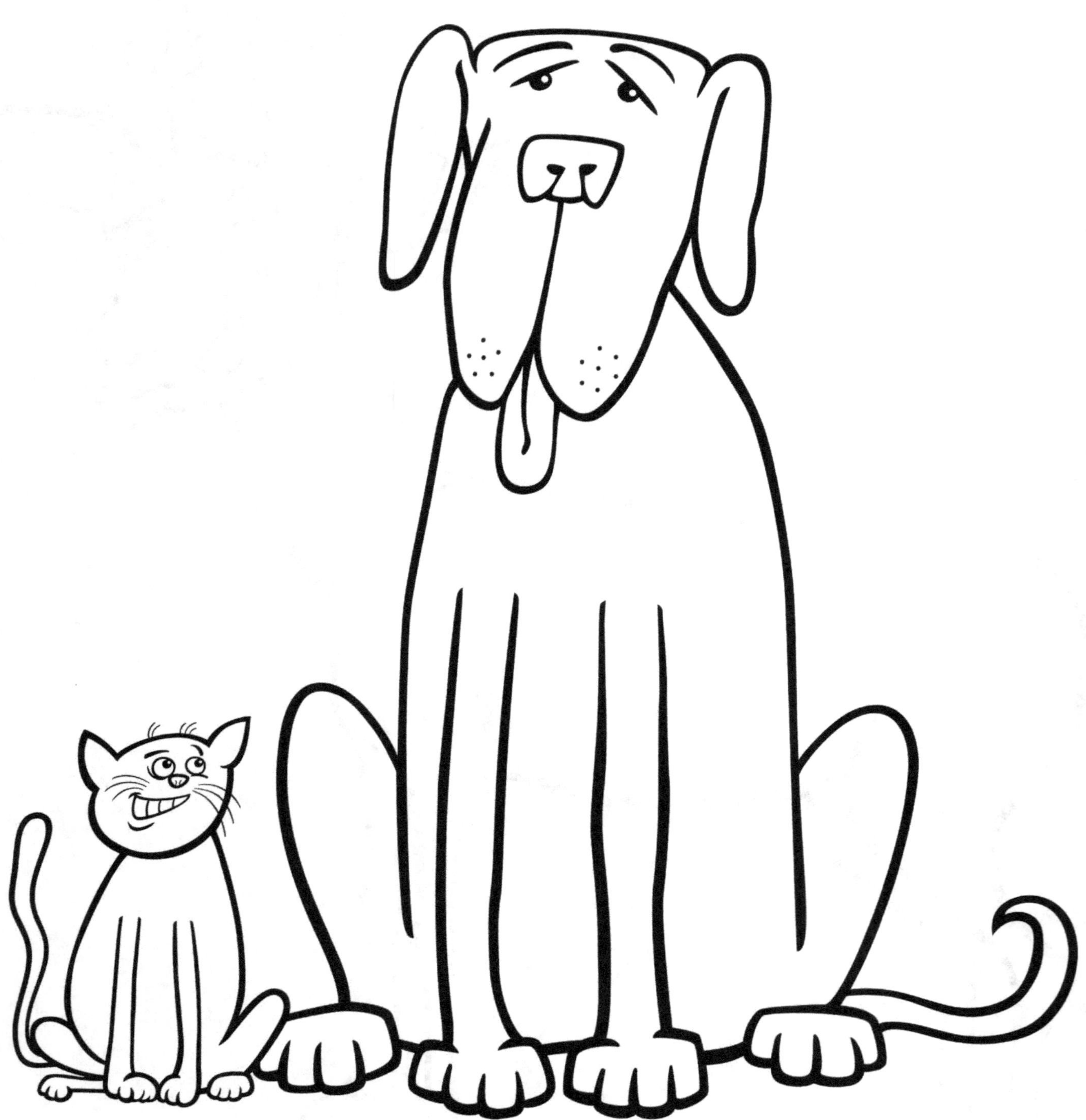

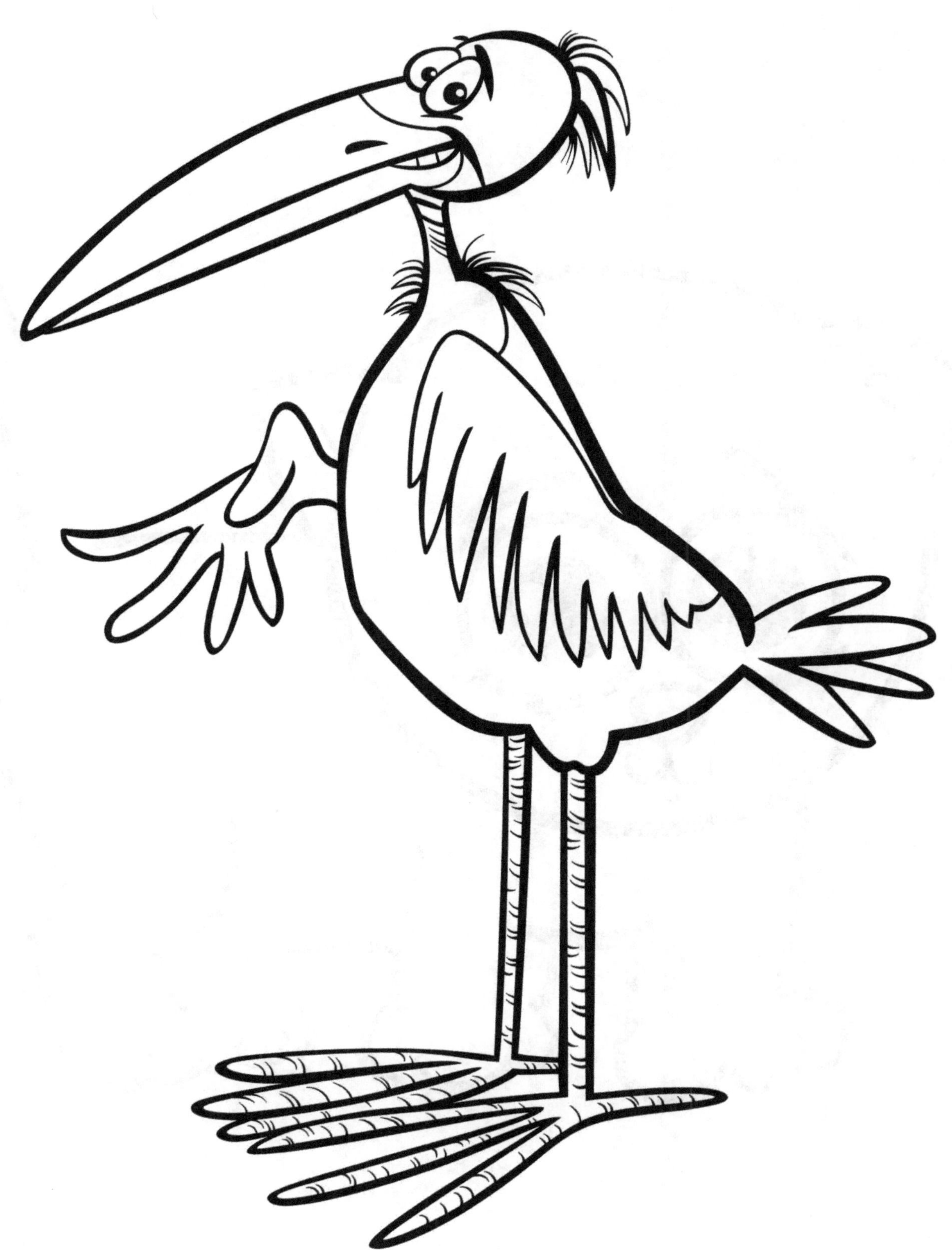

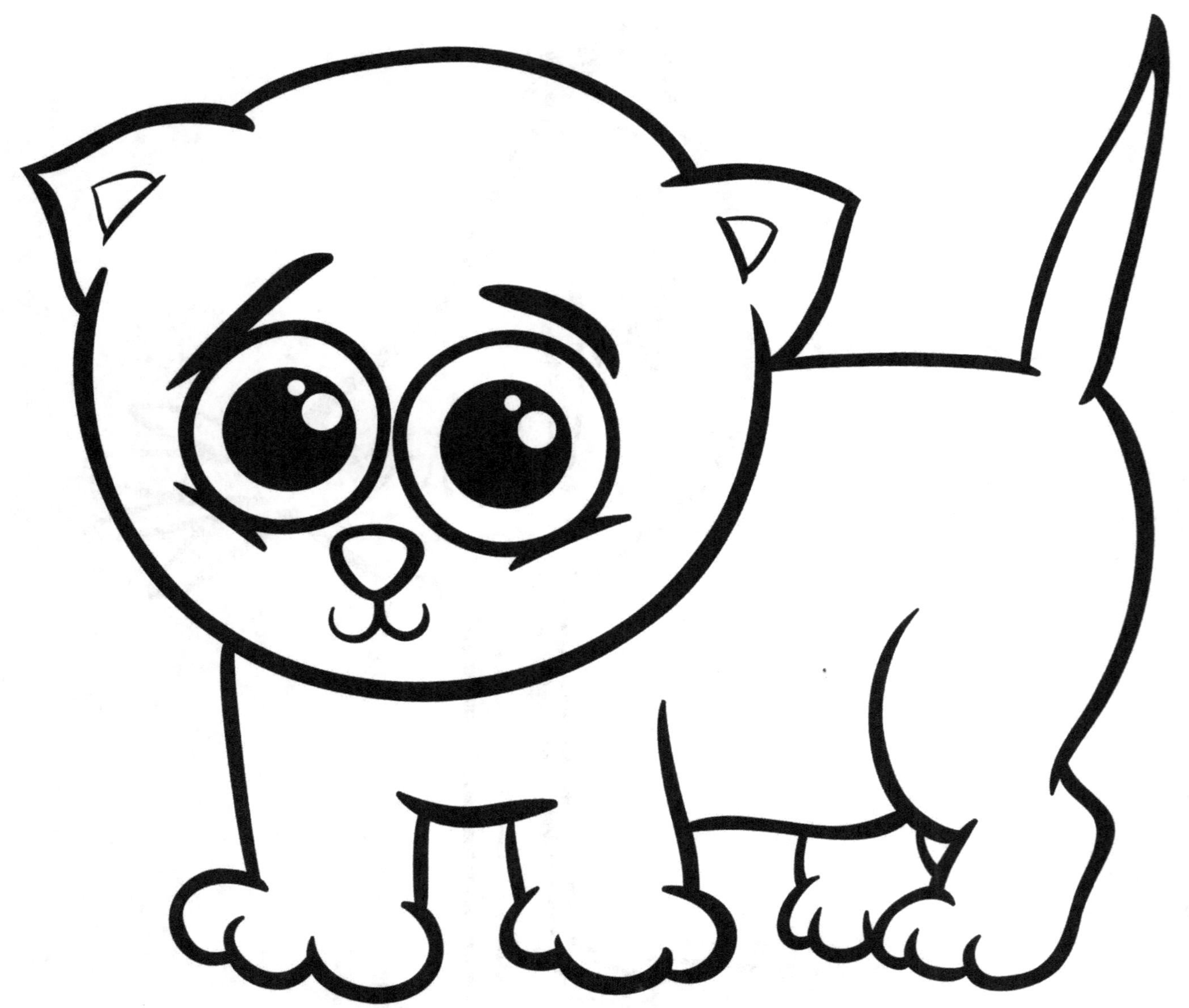

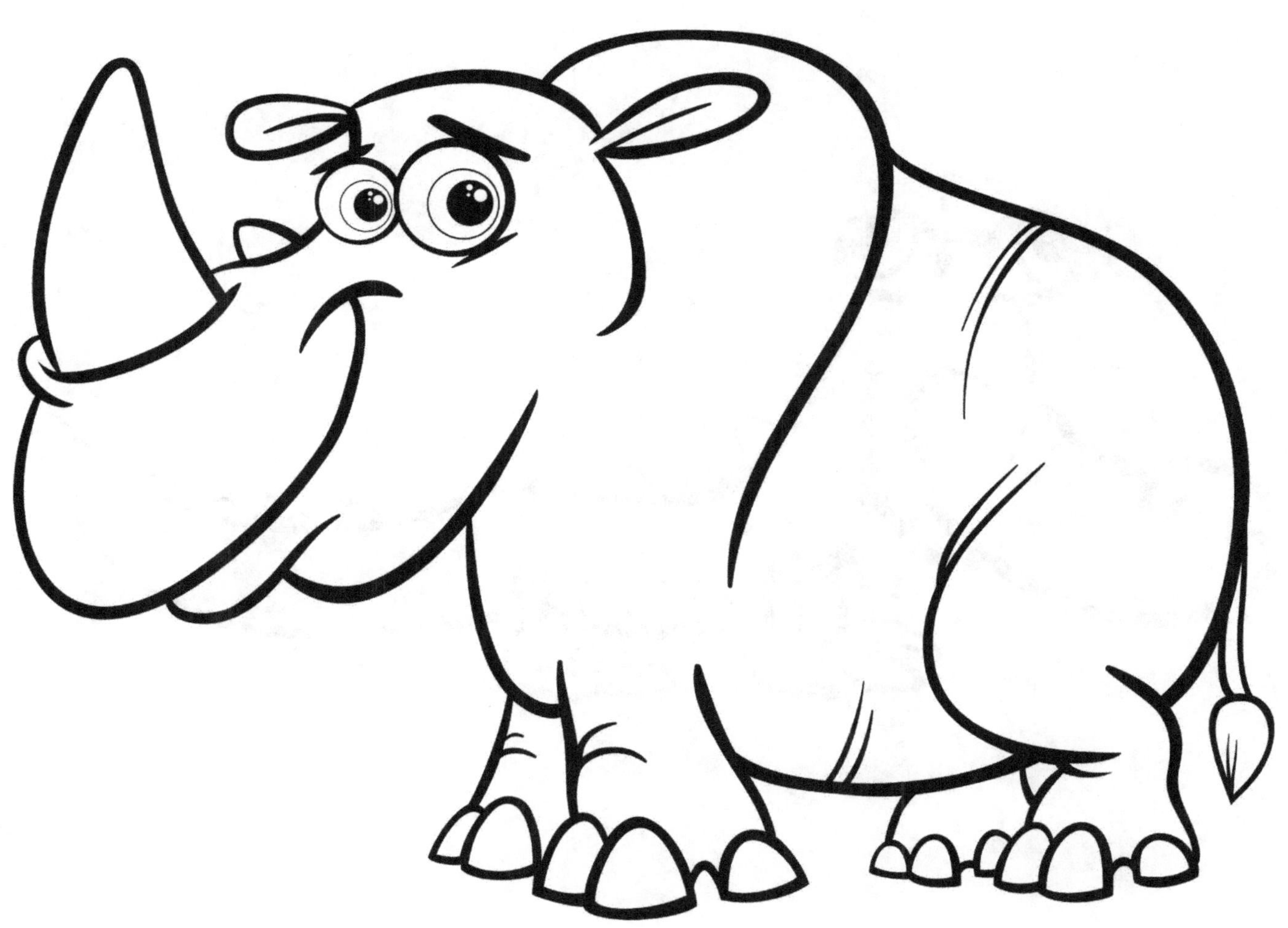

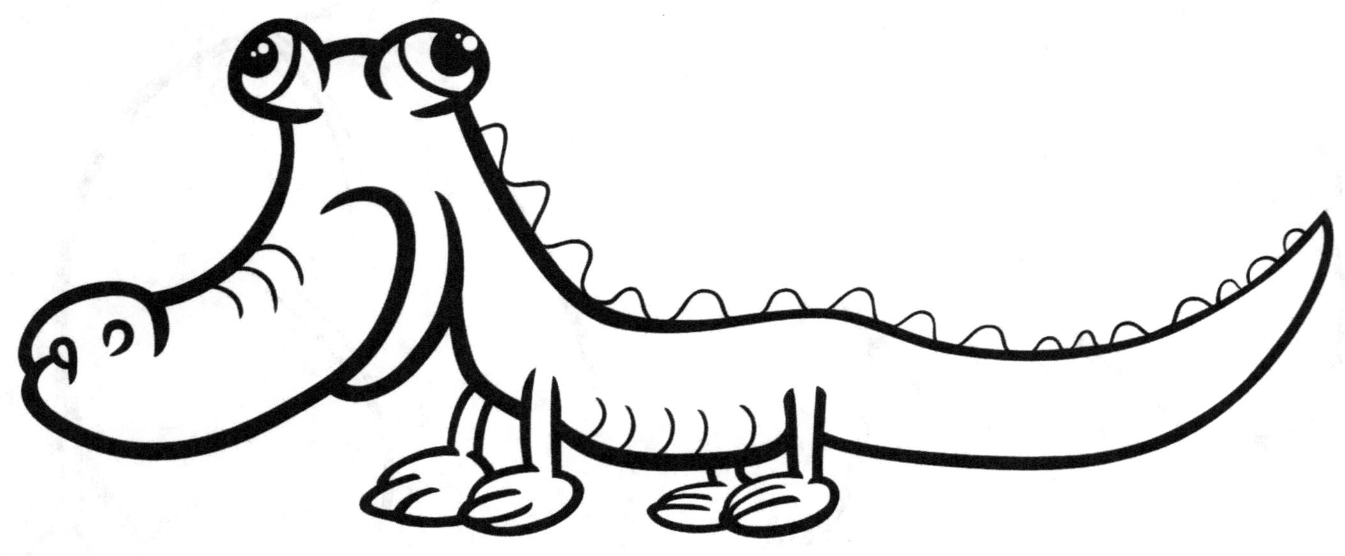

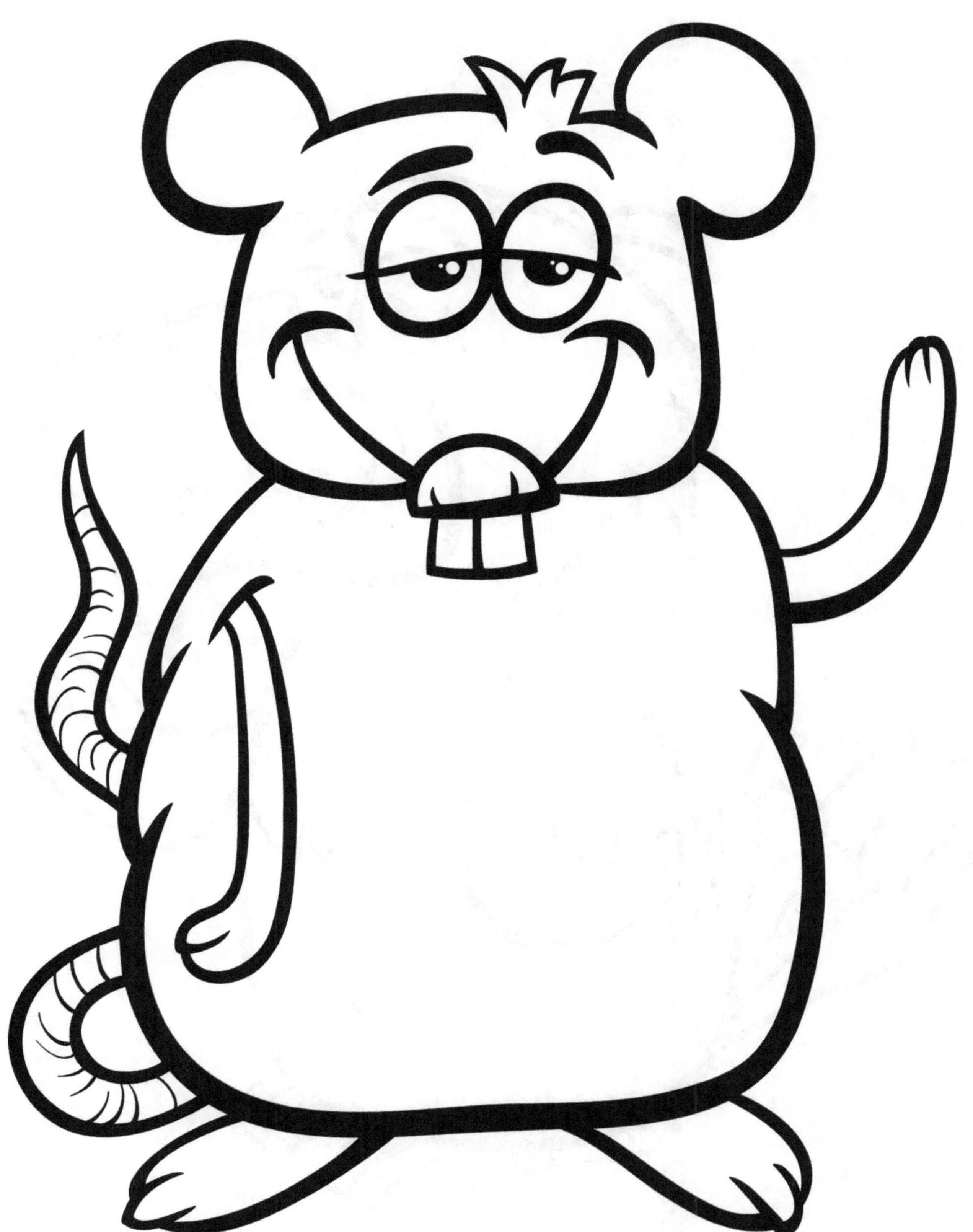

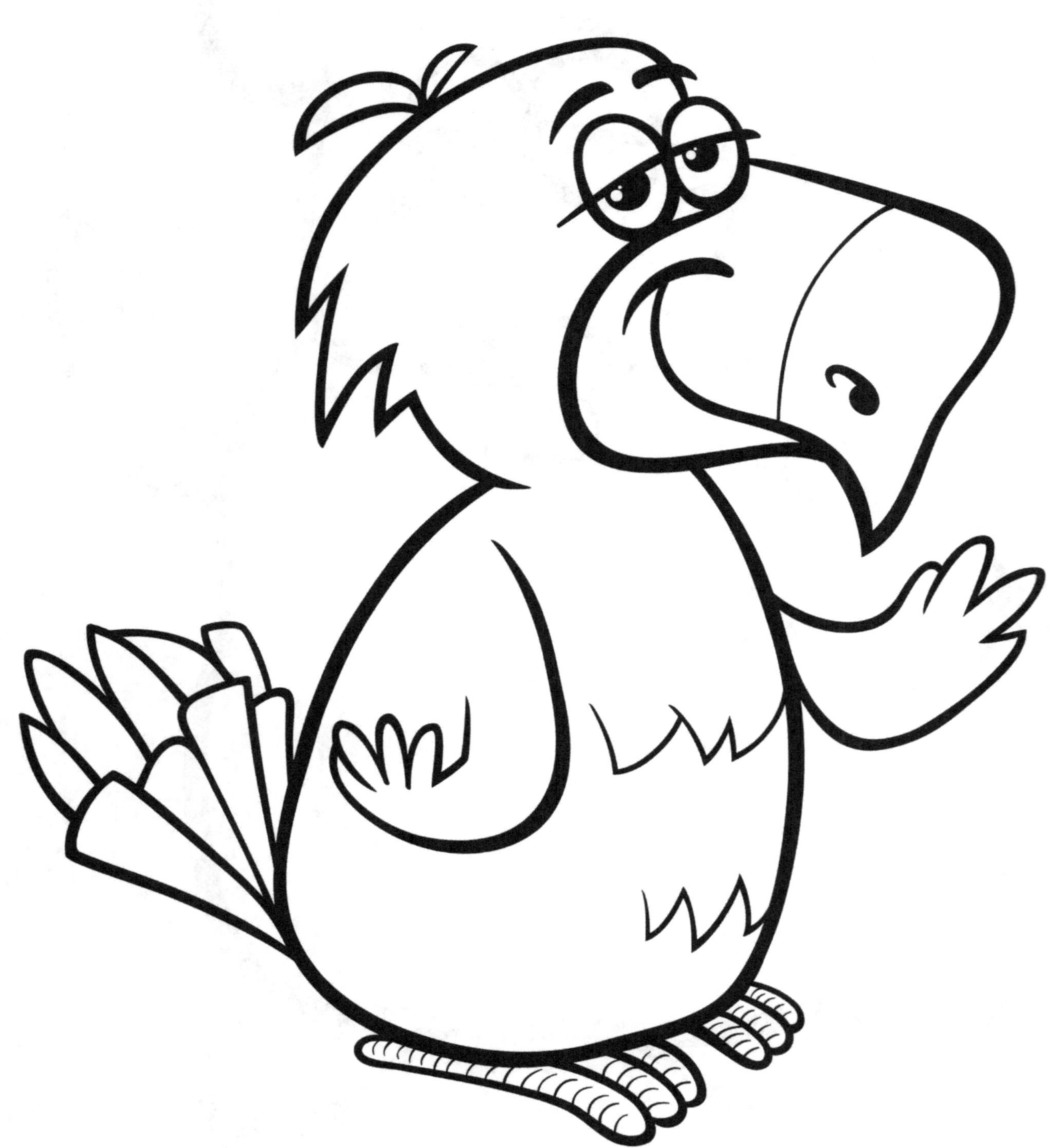

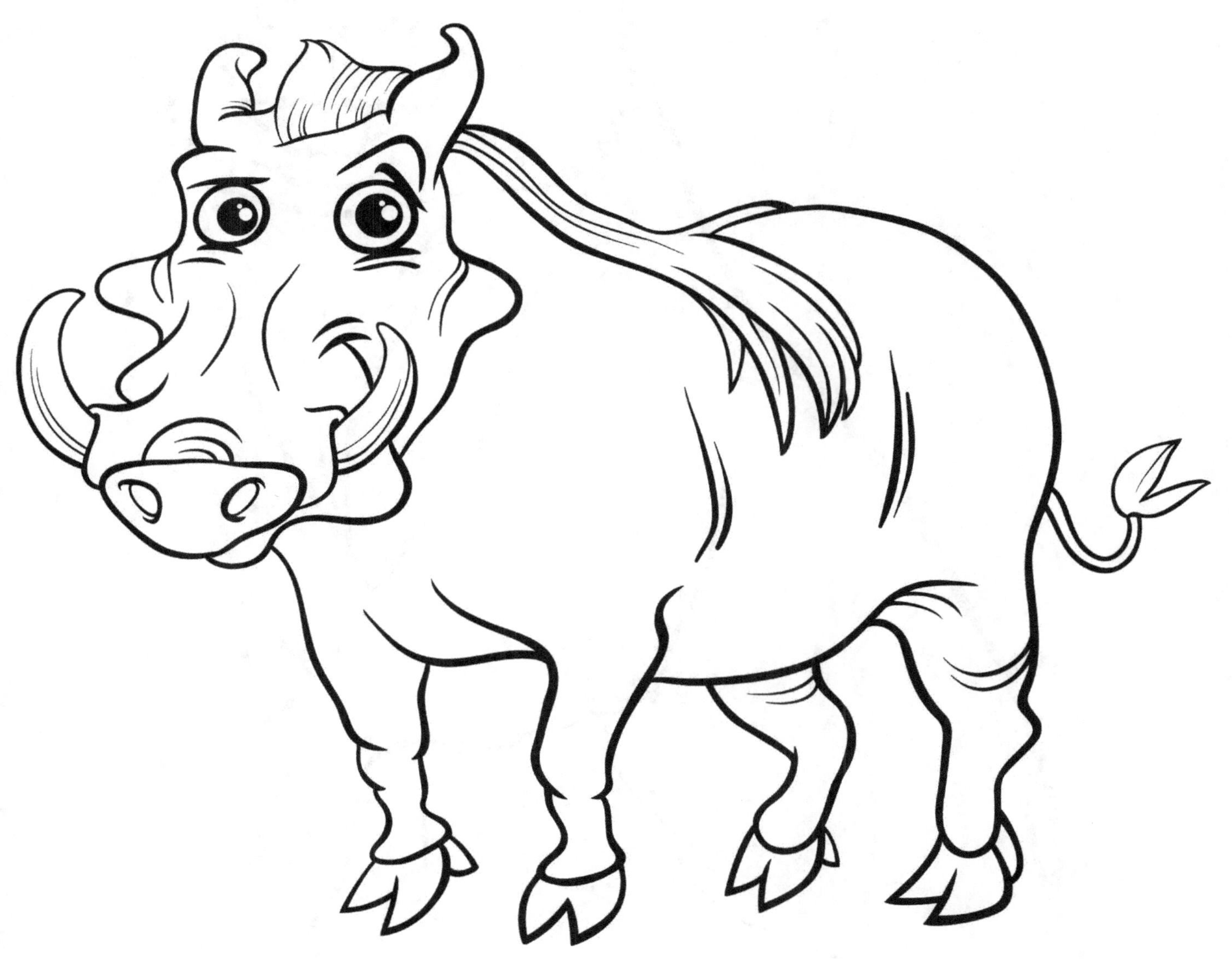

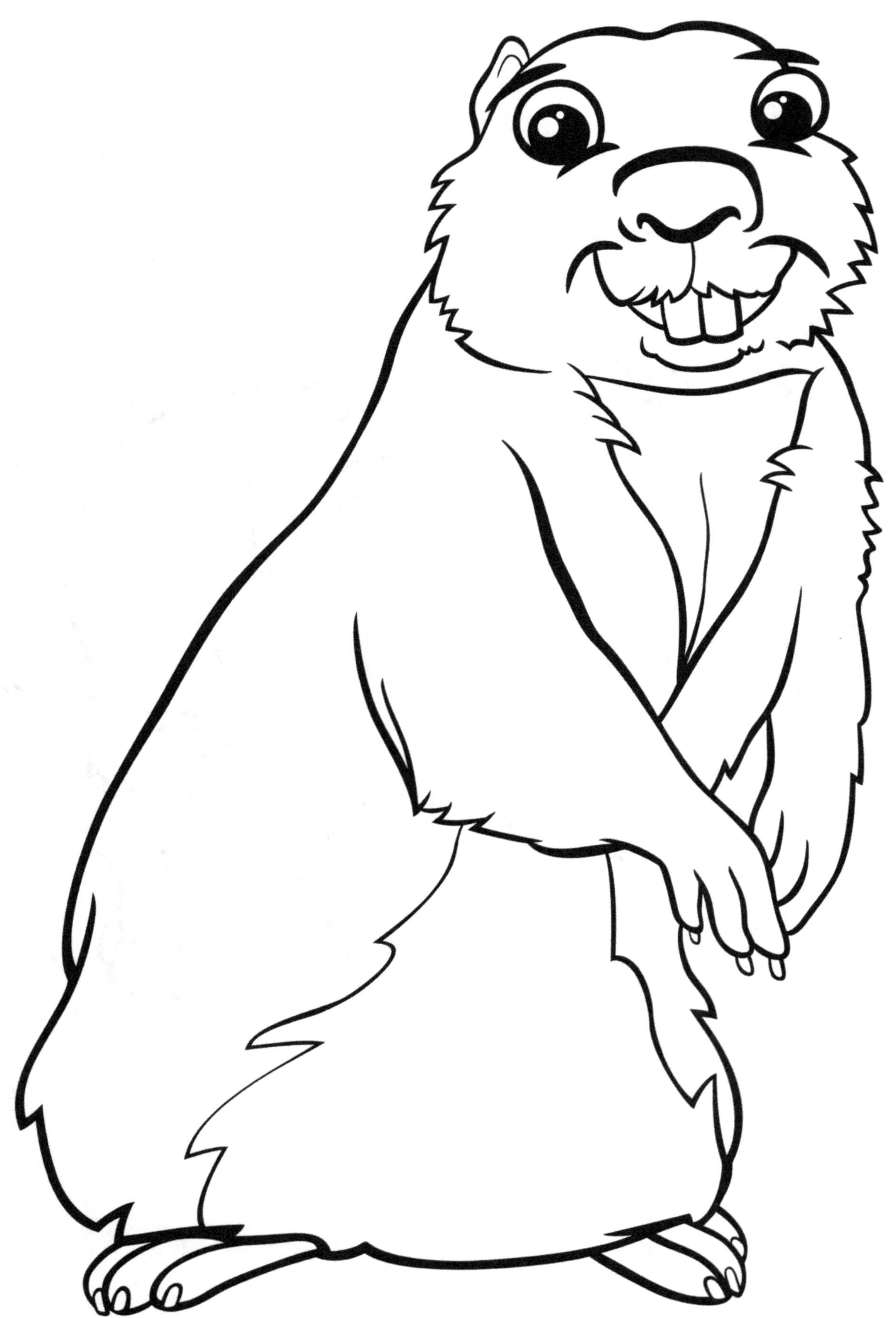

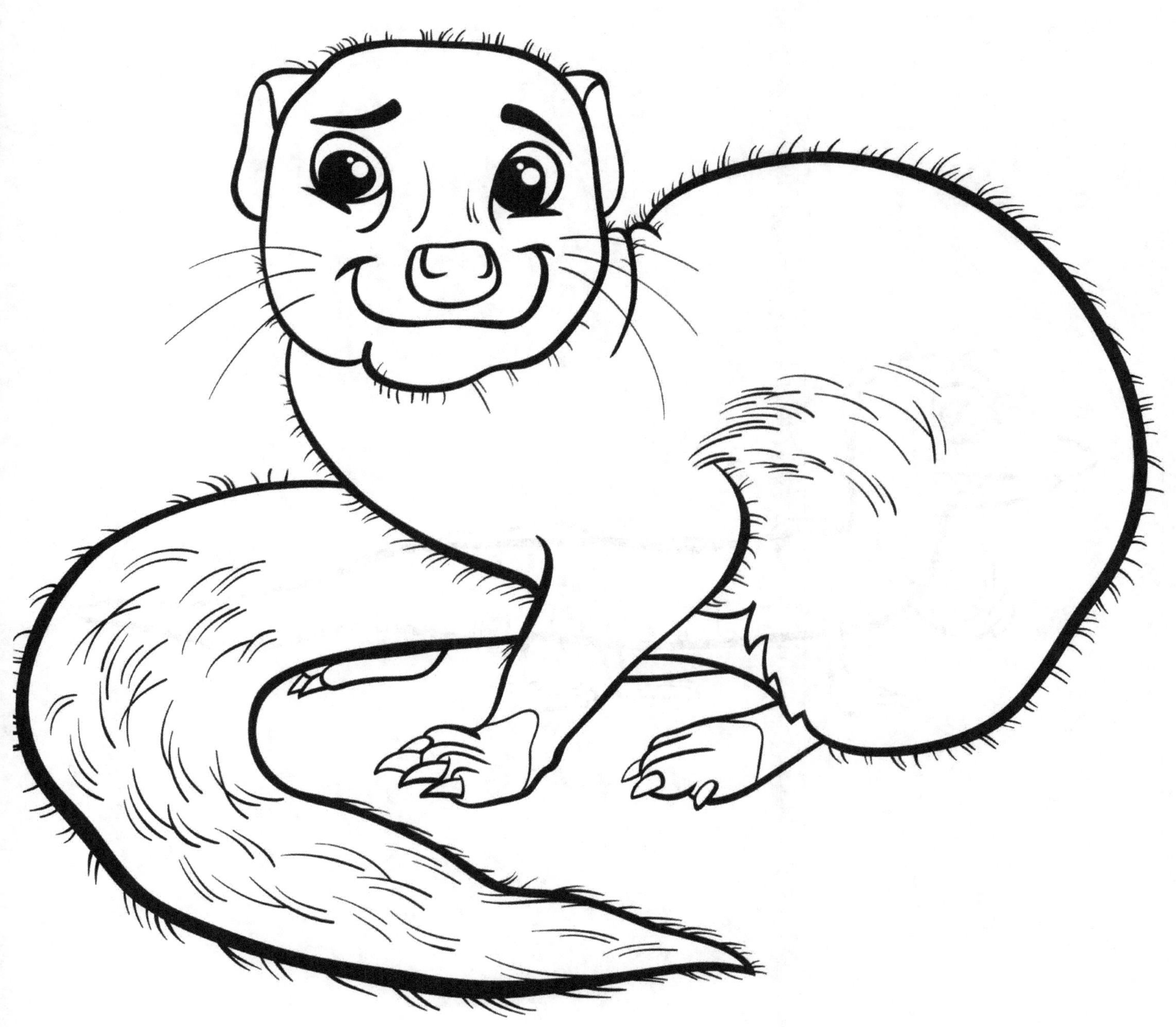

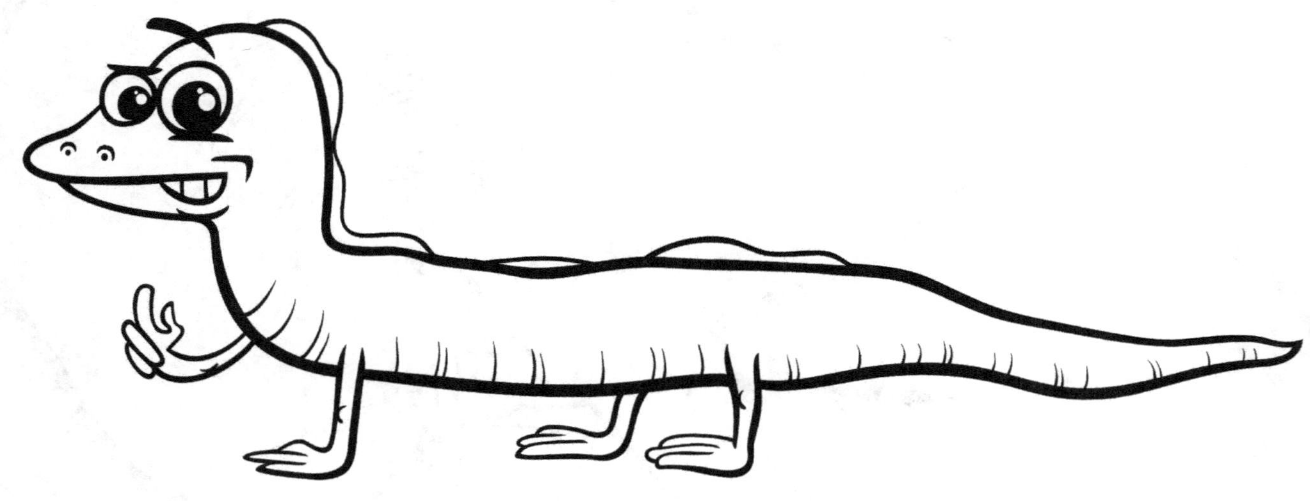

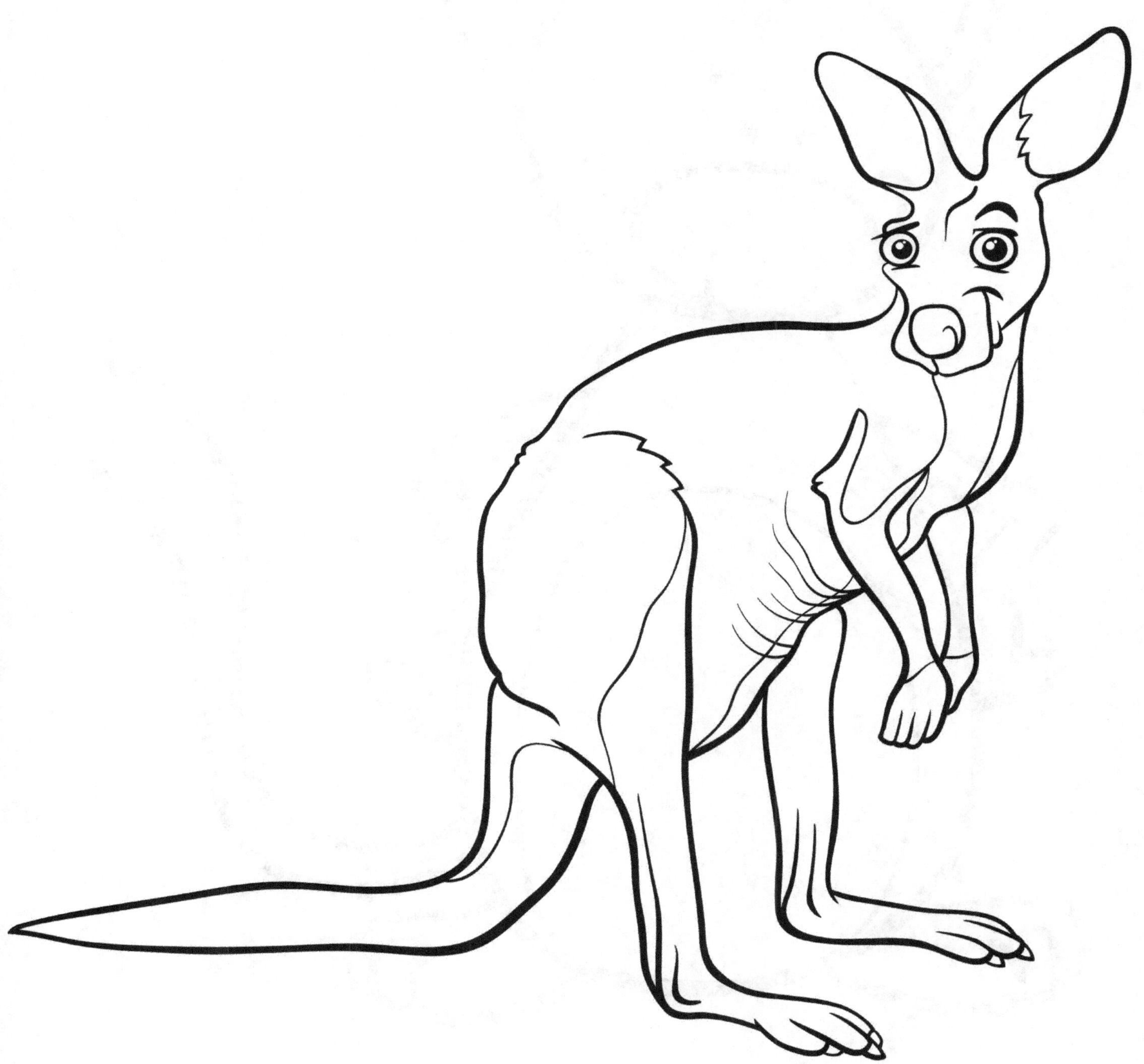

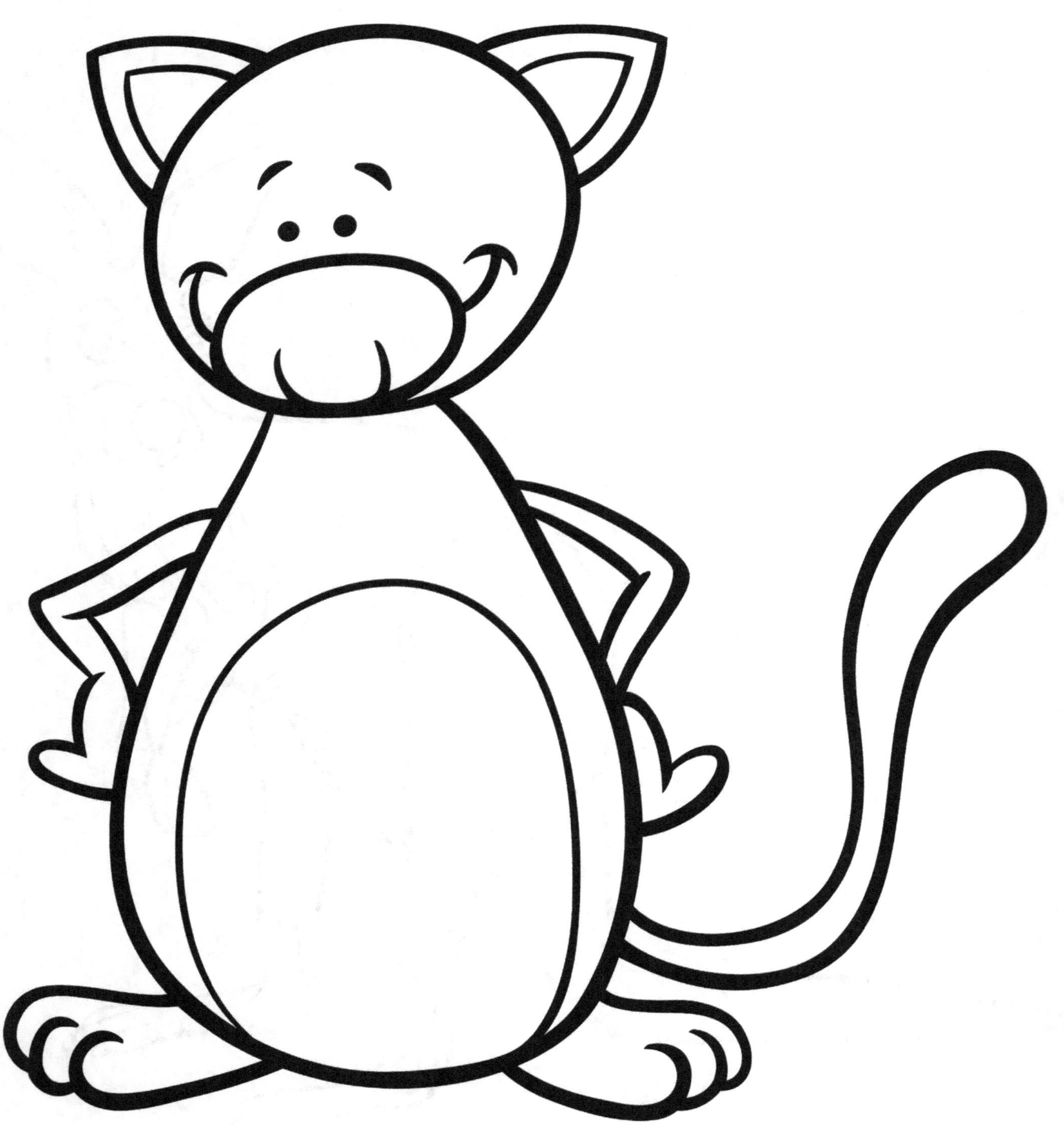

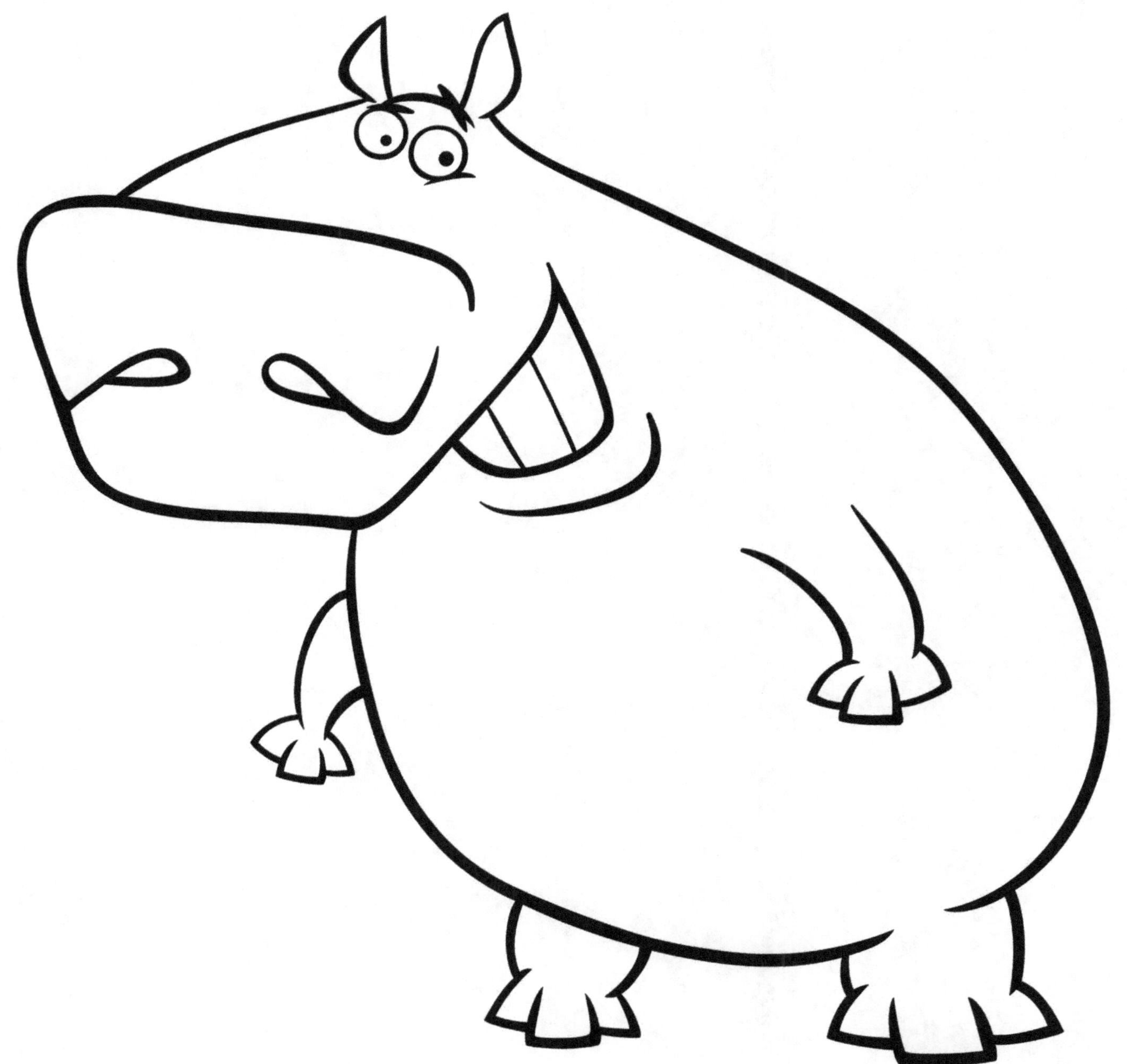

9 781635 893922